ISIDRO LAPUENTE ÁLVAREZ

ÉTICA Y RENDIMIENTO DEPORTIVO

Título: ÉTICA Y RENDIMIENTO DEPORTIVO
Autor: ISIDRO LAPUENTE ÁLVAREZ

Editorial: WANCEULEN EDITORIAL
Sello Editorial: WANCEULEN EDITORIAL DEPORTIVA

ISBN (Papel): 978-84-18262-42-5
ISBN (Ebook): 978-84-18262-43-2

DEPÓSITO LEGAL: SE 747-2020

Impreso en España. 2020

WANCEULEN S.L.
C/ Cristo del Desamparo y Abandono, 56 - 41006 Sevilla
Dirección web: www.wanceuleneditorial.com y www.wanceulen.com
Email: info@wanceuleneditorial.com

DEDICATORIA

*A mi hija Rocío, y a todos los menores
que han sabido "quedarse en casa"
con mucha ética y responsabilidad
durante el confinamiento de 2020.*

ÍNDICE

1. LOS VALORES..**9**

    1.1. El concepto de valor..9

    1.2. Características de los valores.................................10

    1.3. Nociones básicas sobre la educación en valores.....................13

    1.4. Pasos prácticos para vivir y alcanzar los valores.....................15

2. VALORES SOCIALES Y CULTURALES DEL DEPORTE...........................**23**

    2.1. El deporte, fenómeno social complejo....................23

    2.2. Ética y filosofía en el entrenamiento y competición.................24

    2.3. El contenido moral del deporte..............................26

    2.4. El deporte en la sociedad actual............................27

    2.5. El proceso de socialización...................................28

    2.7. La socialización en el proceso educativo.................29

    2.8. Educación y valores sociales.................................30

3. VALORES Y EL JUEGO LIMPIO..**31**

    3.1. El deporte como herramienta educativa...............31

    3.2. Valores deportivos...32

    3.3. Desarrollo de los valores......................................33

4. EL LIDERAZGO ÉTICO Y MORAL DEL ENTRENADOR.....................**37**

    4.1. Dimensión ética del liderazgo..............................37

    4.2. Función social y socioeducativa del técnico deportivo...........42

    4.3. Problemas sociales de los deportistas de élite.................46

    4.4. La responsabilidad moral de deportistas y entrenadores como figuras mediáticas..46

5. SOCIOLOGÍA DEL ALTO RENDIMIENTO DEPORTIVO.....................**49**

    5.1. Los contenidos de la sociología del deporte...........49

    5.2. Investigaciones en sociología del deporte..............51

    5.3. El deporte como símbolo......................................51

    5.4. El deporte como medio para transmitir valores.....52

    5.5. Política y deporte...53

6. LA ÉTICA DEPORTIVA Y EL DOPAJE **55**

   6.1. Reglas y valores del deporte 55

   6.2. Ética y dopaje 57

   6.3. Dopaje, valores y lucha contra el dopaje 60

7. CONTRADICCIONES EN LA ÉTICA DEPORTIVA **63**

   7.1. Los ideales de deportividad y juego 63

   7.2. Ética de la competición deportiva 64

   7.3. Hacia una competición deportiva ética. Principios
   esenciales 65

   7.4. El papel de la familia 66

**8. ÉTICA DE LA RESPONSABILIDAD EN LAS ORGANIZACIONES
DEPORTIVAS** **67**

   8.1. Los valores compartidos en la organización 67

   8.2. La ética de la organización 69

   8.3. Importancia de los valores en una organización 69

9. CÓDIGOS ÉTICOS DE INSTITUCIONES DEPORTIVAS Y SOCIALES **73**

   9.1. Código de Ética Deportiva del Consejo Superior de
   Deportes 73

   9.2. Principios fundamentales del Olimpismo 73

   9.3. Carta europea del deporte 74

   9.4. UNESCO. Carta Internacional de la Educación Física y el
   Deporte 75

   9.5. Comisión Estatal contra la violencia, el racismo, la xenofobia
   y la intolerancia en el deporte 76

   9.6. Código Mundial Antidopaje y Programa Mundial
   Antidopaje 84

   9.7. Código de ética de la FIFA 87

   9.8. Ejemplos de códigos éticos: de Nación, de Club, de
   Fundación 88

      9.8.1. Código de Conducta deportiva del Sistema Nacional de
      Cultura Física y Deporte. Gobierno de México 88

      9.8.2. Código ético del Getafe C.F. 89

      9.8.3. Código ético y de buen gobierno de la Fundación
      Rafa Nadal 94

1. LOS VALORES

1.1. EL CONCEPTO DE VALOR

El valor es una cualidad que permite ponderar el valor ético o estético de las cosas, por lo que es una cualidad especial que hace que las cosas sean estimadas en sentido positivo o negativo.

El concepto de valor abarca contenidos y significados diferentes y ha sido abordado desde diversas perspectivas y teorías. Se entiende por valor lo que hace que un ser humano sea parte de la humanidad. El valor es excelencia y perfección, por eso considera un valor decir la verdad y ser honesto. La práctica del valor desarrolla la humanidad de la persona, mientras que el contravalor lo despoja de esa cualidad e incluso lo puede corromper. Desde un punto de vista socioeducativo y deportivo, los valores son referentes, patrones o conceptualizaciones que orientan el comportamiento humano hacia la óptima transformación social y personal del ser humano. Son guías de orientación de conducta y de vida de los individuos en sociedad.

Todo valor supone la existencia de una persona que lo posee y de un sujeto que lo aprecia o descubre. Los valores no tienen existencia sino unidos a seres humanos socializados.

El contenido de los valores es reciente en filosofía del deporte, pero a nivel general los valores están presentes desde los inicios de la humanidad. Para el ser humano siempre han existido cosas valiosas: el bien, la verdad, la belleza, la felicidad, la virtud. Sin embargo, darles valor ha variado a través de los tiempos. Se puede valorar de acuerdo con criterios estéticos, sociales, costumbres, principios éticos o por su costo, utilidad, bienestar, placer y prestigio.

Los valores son producto de cambios y transformaciones a lo largo de la historia. Surgen con un significado y cambian o desaparecen en las distintas épocas.

Los valores no son el producto de la razón, ya que no tienen su origen y su fundamento en lo que nos muestran los sentidos. No son concretos, no se encuentran en el mundo sensible y objetivo, siendo a través del pensamiento la mente desde donde los valores se aprehenden y cobran forma y significado.

La escuela fenomenológica, desde una perspectiva idealista, considera que los valores son ideales y objetivos. En cambio, los realistas afirman que los valores son reales, valores y bienes son una misma cosa. Todos los seres tienen su propio valor. En resumen, las diversas posturas conducen a inferir dos teorías básicas acerca de los valores dependiendo de la postura del objetivismo o del subjetivismo.

La visión subjetivista considera que los valores no son reales, no valen en sí mismos, sino que son las personas quienes les otorgan un determinado valor, dependiendo del agrado o desagrado que producen. Desde esta perspectiva, los valores son subjetivos, dependen de la impresión personal del ser humano. La escuela neokantiana afirma que el valor es, ante todo, una idea. Se diferencia lo que es valioso de lo que no lo es dependiendo de las ideas o conceptos generales que comparten las personas.

1.2. CARACTERÍSTICAS DE LOS VALORES

a) Se desarrollan en condiciones muy complejas.

b) Son necesarios para producir cambios a favor del progreso.

c) Son posibles porque muchos seguimos creyendo en ellos.

d) No son ni pueden ser un simple enunciado.

Son, además:

- Independientes e inmutables: son lo que son y no cambian, por ejemplo: la justicia, la belleza, el amor.

- Absolutos: son los que no están condicionados o atados a ningún hecho social, histórico, biológico o individual. Un ejemplo puede ser los valores como la verdad o la bondad.

- Inagotables: no hay ni ha habido persona alguna que agote la nobleza, la sinceridad, la bondad, el amor. Por ejemplo, un atleta siempre se preocupa por mejorar su marca.

- Objetivos y verdaderos: los valores se dan en las personas o en las cosas, independientemente que se les conozca o no. Un valor objetivo siempre será obligatorio por ser universal (para todo ser humano) y necesario para todo ser humano, por ejemplo, la sobre vivencia de la propia vida. Las valores tienen que ser descubiertos por el ser humano y sólo así es como puede hacerlos parte de su personalidad.

- Subjetivos: los valores tienen importancia al ser apreciados por la persona, su importancia es sólo para ella, no para los demás. Cada cual los busca de acuerdo con sus intereses.

Criterios de jerarquía de los valores

1. Durabilidad: los valores se reflejan en el curso de la vida. Hay valores que son más permanentes que otros.

2. Integralidad: cada valor es una abstracción íntegra en sí mismo.

3. Flexibilidad: los valores cambian con las necesidades y experiencias de las personas.

4. Satisfacción: los valores generan satisfacción en las personas que los trabajan.

5. Polaridad: todo valor se presenta en sentido positivo y negativo; todo valor conlleva un contravalor.

6. Jerarquía: hay valores que son considerados superiores (dignidad, libertad) y otros como inferiores (de necesidades básicas o vitales). Las jerarquías de valores se van construyendo progresivamente a lo largo de la vida.

7. Trascendencia: los valores trascienden dando sentido y significado a la vida y a la sociedad en su conjunto.

8. Dinamismo: los valores se transforman con las épocas.

9. Aplicabilidad: los valores se aplican en las diversas situaciones de la vida según los principios y valores de la persona.

10. Complejidad: los valores desempeñan causas diversas, complicados juicios y decisiones.

El proceso de valoración del ser humano contiene una compleja serie de condiciones intelectuales y afectivas: toma de decisiones, estimación y actuación. Las personas valoran al preferir, estimar y elegir una cosa en lugar de otra; al formular metas y propósitos personales. Las valoraciones se expresan mediante creencias, intereses, sentimientos, convicciones, actitudes, juicios de valor y acciones. Desde el punto de vista ético, la importancia del proceso de valoración deriva de su fuerza orientadora en aras de una mayor moral del ser humano.

Jerarquía de valores:

a) valores de lo agradable y lo desagradable

b) valores vitales

c) valores espirituales: lo bello y lo feo, lo justo y lo injusto, valores del conocimiento puro de la verdad

d) valores religiosos: lo santo y lo profano

La clasificación más común discrimina valores lógicos, éticos y estéticos.

También han sido agrupados en: objetivos y subjetivos o en valores inferiores (económicos y afectivos), intermedios (intelectuales y estéticos) y superiores (morales y espirituales).

La clasificación detallada diferencia seis grupos:

a) Valores técnicos, económicos y utilitarios.

b) Valores vitales (educación física, educación para la salud).

c) Valores estéticos (literarios, musicales, pictóricos).

d) Valores intelectuales (humanísticos, científicos, técnicos).

e) Valores morales (individuales y sociales).

f) Valores trascendentales (cosmovisión, filosofía, religión).

Ejemplos de Valores

Coherencia	Aprender	Sensibilidad
Crítica Constructiva	Compasión	Orden
Servicio	Voluntad	Serenidad
Paciencia	Experiencia	Sencillez
Amistad	Respeto	Alegría
Autenticidad	Gratitud	Sinceridad
Generosidad	Felicidad	Honestidad
Solidaridad	Sociabilidad	Prudencia
Fidelidad	Objetividad	Ecología
Autodominio	Patriotismo	Optimismo
Sacrificio	Flexibilidad	Amor
Sobriedad	Obediencia	Liderazgo
Superación	Autoestima	Compromiso
Trabajo	Responsabilidad	Libertad
Comprensión	Confianza	Bondad
Lealtad	Perdón	Perseverancia
Valentía	Empatía	Puntualidad

1.3. NOCIONES BÁSICAS SOBRE LA EDUCACIÓN EN VALORES

1. Los valores son convicciones profundas de los seres humanos que determinan su manera de ser y orientan su conducta.

- La solidaridad frente a la indiferencia, la justicia frente al abuso, el amor frente al odio.

2. Los valores involucran nuestros sentimientos y emociones.

- Cuando valoramos la paz, nos molesta y nos hiere la guerra.
- Cuando valoramos la libertad nos enoja y lacera la esclavitud.
- Cuando valoramos el amor y lastima el odio.

3. Valores, actitudes y conducta están relacionados.

- Los valores son creencias o convicciones de que algo es preferible y digno de aprecio. Una actitud es una disposición a actuar de acuerdo, a determinadas creencias, sentimientos y valores. A su vez las actitudes se expresan en comportamientos y opiniones que se manifiestan de manera espontánea.

4. Los valores se jerarquizan por criterios de importancia

- Cada persona construye su escala de valores personales. esto quiere decir que las personas preferimos unos valores a otros.

5. Los valores más importantes de la persona forman parte de su identidad. orientan sus decisiones frente a sus deseos e impulsos y fortalecen su sentido del deber ser.

- Por ejemplo, una maestra responsable hará todo lo que esté en sus manos para que sus alumnos alcancen los objetivos educativos del ciclo escolar, se sentirá mal consigo misma si por razones claramente atribuidas a ella, los niños no reciben las oportunidades de aprendizaje que debieran. Solo sentimos pesar al hacer algo incorrecto cuando el valor en cuestión es parte de nuestro ser.

6. Los valores se aprenden desde la temprana infancia y cada persona les asigna un sentido propio.

- Cada persona, de acuerdo a sus experiencias, conocimientos previos y desarrollo cognitivo, construye un sentido propio de los valores. Aunque a todos nos enseñen que la honestidad es algo deseable, y aunque todos lo aceptamos como cierto, la interpretación que haremos de este valor, el sentido que le encontraremos en nuestra vida, será diferente para cada persona.

7. Los valores y su jerarquización pueden cambiar a lo largo de la vida.

- Los valores están relacionados con los intereses y necesidades de las personas a lo largo de su desarrollo.
- Los valores de los niños pequeños están definidos en buena medida por sus necesidades de subsistencia y por la búsqueda de aprobación de sus padres: sustento biológico, amor filial.
- Los adolescentes guían sus valores personales por su necesidad de experimentación y autonomía: amistad, libertad.
- Mientras que en la edad adulta se plantean nuevas prioridades: salud, éxito profesional, responsabilidad.

Algunos valores permanecen a lo largo de la vida de las personas.

• Compasión • Comunicación • Conciencia • Confianza • Convicción	• Cortesía • Creatividad • Cultura • Diálogo • Dignidad	• Disciplina • Equidad • Escuela • Esfuerzo • Esperanza
• Amor • Autoestima • Autonomía • Bondad • Civilidad	• Ética • Éxito • Familia • Felicidad • Fortaleza	• Acción • Actitud • Adaptación • Alegría • Amistad • Compromiso

1.4. PASOS PRÁCTICOS PARA VIVIR Y ALCANZAR LOS VALORES

a) Conocer su Importancia

Conciencia de los importantes que son. Una sociedad basada en individuos con valores es la llave para una convivencia más sana. Las leyes o normas no son suficientes. En ellas se establece lo elemental para asegurar una normal convivencia, pero no es suficiente con solo cumplir la ley. Los valores van mucho más allá de cumplir la normativa o el reglamento.

Para vivir los valores, lo primero es ser consciente de que son vitales y que pueden cambiar verdaderamente a la persona, la familia, la sociedad y el mundo.

b) Analizar mi conjunto de Valores

Analizar claramente qué valores son la base de tu vida: los que ya tenemos y los que queremos y tenemos que construir.

También se debe hacer un esfuerzo y meditar detenidamente en cuáles son aquellos principios, normas y comportamientos que son fundamentales para ser mejor, para vivir mejor. Simplemente tratar de descubrir aquellos principios que consideramos fundamentales.

c) Valores objetivo

Los valores concretos que se quiere alcanzar. Establecer los valores con la actividad diaria y hacer una reflexión sobre los resultados.

d) Examen diario

Grado de cumplimiento de meta de valores, adquiridos, puestos en conducta o/y interiorizados. Este examen es vital para tener una identidad de sistema de valores: analizar de manera realista como se viven e incorporan los valores a nuestra identidad personal.

e) Mantenimiento

Lo fundamental es la constancia. Establecer prioridades y conseguir propósitos concretos. Si realmente se quieren vivir e incorporar los valores hay que analizar y plantear metas de manera ordenada y pequeñas acciones para lograrlo. Es mejor hacer una acción pequeña todos los días, que grandes acciones muy de vez en cuando.

Además, hay que compartirlo con otras personas, especialmente que alguien de confianza ayude a establecer qué valores vendrían bien.

Las características de cada valor y su escala de importancia.

Valores Religiosos

Fin Objetivo: Dios

Fin Subjetivo: Santidad

Actividades: Culto interno y externo, virtudes sobrenaturales

Preponderancia: Toda la persona dirigida por la Fe.

Necesidad que satisface: Autorrealización

Tipo de Persona: Santo

Ciencia que lo estudio: Teología

Valores Morales

Fin Objetivo: Bondad

Fin Subjetivo: Felicidad

Actividades: Virtudes humanas

Preponderancia: Libertad dirigida por la razón

Necesidad que satisface: Autorrealización

Tipo de Persona: Íntegra

Ciencia que lo estudio: Ética

Valores Estéticos

Fin Objetivo: Belleza

Fin Subjetivo: Gozo de la armonía

Actividades: Contemplación, creación, interpretación

Preponderancia: Toda la persona ante algo material.

Necesidad que satisface: Autorrealización

Tipo de Persona: Íntegra

Ciencia que lo estudio: Estética

Valores Intelectuales

Fin Objetivo: Verdad

Fin Subjetivo: Sabiduría

Actividades: Abstracción y Construcción

Preponderancia: Razón

Necesidad que satisface: Autorrealización

Tipo de Persona: Íntegra

Ciencia que lo estudio: Lógica

Valores Afectivos

Fin Objetivo: Amor

Fin Subjetivo: Agrado, afecto, placer

Actividades: Manifestaciones de afecto, sentimientos y emociones

Preponderancia: Afectividad

Necesidad que satisface: Del Yo

Tipo de Persona: Sensible

Ciencia que lo estudio: Psicología

Valores Sociales

Fin Objetivo: Poder

Fin Subjetivo: Fama, prestigio

Actividades: Relación con hombre masa, liderazgo, política

Preponderancia: Capacidad de interacción y adaptabilidad

Necesidad que satisface: Sociales

Tipo de Persona: Famosa, líder, política

Ciencia que lo estudio: Sociología

Valores Físicos

Fin Objetivo: Salud

Fin Subjetivo: Bienestar Físico

Actividades: Higiene

Preponderancia: Cuerpo

Necesidad que satisface: Fisiológicas

Tipo de Persona: Atleta

Ciencia que lo estudio: Medicina

Valores Económicos

Fin Objetivo: Bienes, riqueza

Fin Subjetivo: Confort

Actividades: Administración

Preponderancia: Cosas a las que se da valor convencional

Necesidad que satisface: Seguridad

Tipo de Persona: Hombre de Negocios

Ciencia que lo estudio: Economía

Conocemos más valores

- **Decencia**. El valor que nos recuerda la importancia de vivir y comportarse dignamente en todo lugar.
- **Pulcritud**. El vivir el valor de la pulcritud nos abre las puertas, nos permite ser más ordenados y brinda en quienes nos rodean una sensación de bienestar, pero, sobre todo, de buen ejemplo.
- **Puntualidad**. El valor que se construye por el esfuerzo de estar a tiempo en el lugar adecuado.
- **Coherencia**. Es el valor que nos hace ser personas de una pieza, actuando siempre de acuerdo, a nuestros principios.
- **Recreación**. La importancia de buscar actividades recreativas que nos permitan seguir creciendo en los valores humanos.
- **Aprender**. El valor que nos ayuda a descubrir la importancia de adquirir conocimientos a través del estudio y la reflexión de las experiencias cotidianas.

- **Humildad.** Es el valor que nos hace conscientes de la necesidad de recibir dirección y ayuda en todos los aspectos de nuestra vida.
- **Sensibilidad.** Es el valor que nos hace despertar hacia la realidad, descubriendo todo aquello que afecta en mayor o menor grado al desarrollo personal, familiar y social.
- **Crítica constructiva.** Hacer una crítica constructiva para ayudar a los demás es una actitud madura, responsable y llena de respeto por nuestros semejantes.
- **Comunicación.** Una buena comunicación puede hacer la diferencia entre una vida feliz o una vida llena de problemas.
- **Compasión.** La compasión se enfoca en descubrir a las personas, sus necesidades y padecimientos, con una actitud permanente de servicio.
- **Orden.** A todos nos agrada encontrar las cosas en su lugar, pero lo más importante es el orden interior y es el que más impacta a la vida.
- **Servicio.** Brindar ayuda de manera espontánea en los detalles más pequeños, habla de nuestro alto sentido de colaboración para hacer la vida más ligera a los demás.
- **Voluntad.** La voluntad nos hace realizar cosas por encima de las dificultades, los contratiempos y el estado de ánimo.
- **Serenidad.** Este valor nos enseña a conservar la calma en medio de nuestras ocupaciones y problemas, mostrándonos cordiales y amables con los demás.
- **Experiencia.** madurez y prudencia. Es el aprendizaje de la vida.
- **Sencillez.** Una personalidad sencilla a veces puede pasar inicialmente desapercibida, pero su fortaleza interior y su encanto es mucho más profundo y perdurable.
- **Amistad.** Los elementos que forjan amistades para toda la vida.
- **Respeto y Tolerancia.** La base para convivir en sociedad. Afrontar las diferencias de ideas, costumbres y creencias que vemos en la sociedad.
- **Alegría.** Toda persona es capaz de irradiar desde su interior la alegría, y su fuente más común, más profunda y más grande es el amor.
- **Autenticidad.** Las experiencias, el conocimiento y la lucha por concretar propósitos de mejora, hacen que con el tiempo se vaya conformando una personalidad propia.
- **Gratitud.** De personas bien nacidas es ser agradecidas.
- **Sinceridad.** Es un valor que debemos vivir para tener amigos, para ser dignos de confianza.

- **Generosidad**. Dar y darse. El valor que nos hace mejorar como personas.
- **Felicidad**. El ser feliz no es un estado de ánimo, es una actitud constante.
- **Honestidad**. La honestidad es una de las cualidades que nos gustaría encontrar en las personas o mejor aún, que nos gustaría poseer.
- **Solidaridad**. Un valor que nos ayuda a ser una mejor sociedad y que no solamente debe vivirse en casos de desastre y emergencia
- **Fidelidad**. Vivir la fidelidad se traduce en la alegría de compartir con alguien la propia vida, procurando la felicidad y la mejora personal de la pareja.
- **Sociabilidad**. Este valor es el camino para mejorar la capacidad de comunicación y de adaptación en los ambientes más diversos.
- **Prudencia**. Adelantarse a las circunstancias, tomar mejores decisiones, conservar la compostura y el trato amable en todo momento, forjan una personalidad decidida, emprendedora y comprensiva.
- **Autocontrol**. Formar un carácter capaz de dominar la comodidad y los impulsos propios de su forma de ser para hacer la vida más amable a los demás.
- **Objetividad**. La Objetividad es el valor de ver el mundo como es, y no como queremos que sea.
- **Ecología**. El valor que encuentra en la protección del medio ambiente una forma de servir a los demás.
- **Sacrificio**. Siempre es posible hacer un esfuerzo extra para alcanzar una meta. Para servir mejor a los demás.
- **Consejo**. Una palabra acertada y expresada en el momento justo, logrará un cambio favorable en la vida de quienes nos rodean.
- **Patriotismo**. El valor que nos hace vivir plenamente nuestro compromiso como ciudadanos y fomentar el respeto que debemos a nuestra nación.
- **Desprendimiento**. El valor del desprendimiento nos enseñará a poner el corazón en las personas, y no en las cosas materiales.
- **Magnanimidad**. El valor que nos hace dar más allá de lo que se considera normal, para ser cada día mejores sin temor a la adversidad o a los inconvenientes.
- **Optimismo**. Forjar un modo de ser entusiasta, dinámico, emprendedor y con los pies sobre la tierra, son algunas de las cualidades que distinguen a la persona optimista.

- **Flexibilidad**. La Flexibilidad es la capacidad de adaptarse rápidamente a las circunstancias, para lograr una mejor convivencia y entendimiento con los demás.
- **Amor**. Todos lo necesitamos, todos podemos darlo. Sin él nuestra vida pierde sentido.
- **Sobriedad**. Es el valor que nos enseña a administrar nuestro tiempo y recursos, moderando nuestros gustos y caprichos para construir una verdadera personalidad.
- **Obediencia**. La obediencia es una actitud responsable de colaboración y participación, importante para las buenas relaciones, la convivencia y el trabajo productivo.
- **Liderazgo**. Todo líder tiene el compromiso y la obligación de velar por la superación personal, profesional y espiritual de quienes lo rodean. Es una responsabilidad que como personas debemos asumir.
- **Superación**. La superación no llega con el tiempo, el simple deseo o con la automotivación, requiere acciones inmediatas, planeación, esfuerzo y trabajo continuo.
- **Autoestima**. No basta tener seguridad en nuestras capacidades, el valor de la autoestima está fundamentado en un profundo conocimiento de nosotros mismos
- **Compromiso**. Comprometerse va más allá de cumplir con una obligación, es poner en juego nuestras capacidades para sacar adelante todo aquello que se nos ha confiado.
- **Trabajo**. Trabajar es solo el primer paso, hacerlo bien y con cuidado en los pequeños detalles es cuando se convierte en un valor.
- **Responsabilidad**. Todos comprendemos la irresponsabilidad cuando alguien no cumple lo que promete.
- **Libertad**. Un valor que todos reconocemos, pero que pocos sabemos defender, o del cual podemos abusar.
- **Carácter**. Transformar la imagen de una personalidad emprendedora, llena de energía, de fuerza y vitalidad, a una forma de ser propia y natural.
- **Comprensión**. Cuando alguien se siente comprendido entra en un estado de alivio, de tranquilidad y de paz interior.
- **Confianza**. Los seres humanos no podríamos vivir en armonía si faltara la Confianza.
- **Bondad**. La bondad perfecciona a la persona porque sabe dar y darse sin temor a verse defraudado, transmitiendo aliento y entusiasmo a quienes lo rodean.

- **Lealtad**. Conoce este valor sin el cual nos quedamos solos y que debemos vivir nosotros antes que nadie.
- **Paz**. Un valor fundamental para las personas, las familias y las naciones.
- **Perdón**. Los resentimientos nos impiden vivir plenamente sin saber que un simple acto del corazón puede cambiar nuestras vidas y de quienes nos rodean.
- **Perseverancia**. Es tiempo de que los buenos propósitos se vuelvan realidad.
- **Valentía**. Personas ordinarias haciendo cosas extraordinarias: El valor que forja familias, empresas y naciones diferentes.
- **Empatía**. El valor de la empatía nos ayuda a recuperar el interés por las personas que nos rodean y a consolidar la relación que con cada una de ellas tenemos.
- **Familia**. El valor nace y se desarrolla cuando cada uno de sus miembros asume con responsabilidad y alegría el papel que le ha tocado desempeñar en la familia.

Para concluir, podemos decir que los valores pueden ser clasificados de muchas formas:

Según su radio de acción:	Según sus polaridades:	Según la disciplina:
<ul><li>Íntimos.</li><li>Personales.</li><li>Familiares.</li><li>Grupales.</li><li>Sociales.</li><li>Nacionales.</li><li>Internacionales.</li><li>Universales.</li><li>Humanos.</li><li>Divinos.</li><li>Naturales.</li></ul>	<ul><li>Valores.</li><li>Anti-valores.</li></ul>	<ul><li>Éticos.</li><li>Morales.</li><li>Políticos.</li><li>Ecológicos.</li><li>Sociales.</li><li>Económico.</li><li>Religioso.</li><li>Culturales.</li><li>Artístico.</li></ul>

2. VALORES SOCIALES Y CULTURALES DEL DEPORTE

2.1 EL DEPORTE, FENÓMENO SOCIAL COMPLEJO

El deporte, es un fenómeno social complejo, y también un fenómeno relevante para la educación, la psicología, la economía, la medicina, la política, la sociología y por supuesto para la filosofía.

Los deportes son fenómenos sociales, es decir, *"ocasiones o acontecimientos que implican relaciones sociales y actividades colectivas, y que tienen relevancia para las vidas sociales de las personas."* Ninguna actividad ha servido con tanta regularidad de centro de interés y a tanta gente en todo el mundo.

Los vínculos que establecen los seres humanos comportan una interdependencia directa con personas concretas, como padres, hijos y amigos, así como la interdependencia indirecta con colectividades como ciudades, clases sociales, mercados, grupos étnicos, naciones, etc.

Mediante la identificación con un equipo deportivo, la gente expresa su identificación con la ciudad a la que representa o quizá con un subgrupo concreto, como una clase social o etnia. La pertenencia o identificación con un equipo deportivo aporta a la gente un puntal para su identidad, una fuente de sentimientos grupales y un sentido de pertenencia.

La filosofía y la sociología del deporte, pretenden estudiar y entender el deporte desde este punto de vista de su relación con la sociedad en su conjunto. La sociología es la ciencia social que se dedica al estudio de los fenómenos que surgen en la sociedad, la acción social, la relación social y los grupos que la constituyen, así como las organizaciones y las instituciones que conforman esta estructura social, revelando el efecto que tienen en el comportamiento individual y social, y los cambios en estas, producto de la interacción social o relación social.

Los objetivos a partir de aquí que nos proporciona el estudio de la sociología y la filosofía en el entrenamiento deportivo son:

- Analizar el papel del deporte en la sociedad.
- Analizar las diversas interacciones sociales en/con el deporte.

- Analizar el comportamiento colectivo en situaciones de conflicto o/y de cooperación.

La filosofía y sociología del deporte se ocupa de cuatro grandes áreas:

- Las relaciones entre el deporte y otras facetas de la vida social como pueden ser, la familia, la educación, la política, la economía o la religión.
- La organización social, conducta de grupo y patrones de interacción social que existen en el deporte y sus diversas modalidades.
- Los factores culturales, estructurales y funcionales que afectan a las diferentes experiencias deportivas.
- Los procesos sociales relacionados con el deporte, como son: la socialización, la competición, la cooperación, el conflicto y la estratificación y cambio sociales.

Ámbitos específicos de la ética y filosofía en el entrenamiento son los propios del deporte, de las organizaciones (club), del grupo (equipo y/o binomio deportista-entrenador) y del deportista como persona.

2.2. ÉTICA Y FILOSOFÍA EN EL ENTRENAMIENTO Y COMPETICIÓN

Ética y filosofía en el entrenamiento y la competición trata principalmente del papel del entrenador como transmisor de los mejores valores sociales y personales desde la actividad física y el deporte.

Ética se define como filosofía moral, como el estudio de la fundamentación de los actos humanos, y de su regulación en cuanto aspecto normativo. En cuanto al término filosofía, se traduce literalmente como *"amor a la sabiduría"*, si bien se identifica principalmente como el acto de reflexión en la acción (de enseñanza en nuestro caso), en la búsqueda de lo absoluto, en el análisis de la totalidad de la experiencia humana. Se filosofa, en educación (en entrenamiento deportivo), para tender a una necesaria autorrealización del individuo, pues solo así se puede conseguir una transformación de las cosas.

Algo muy específico que recomendamos desde aquí para los entrenadores, es llevar un cuaderno de entrenamiento donde además de apuntar los datos de los deportistas, se escriban todo tipo de vivencias, de sensaciones, de pensamientos que vayan surgiendo de la interacción y el contacto con los deportistas y otras personas que intervengan directa o indirectamente en la práctica diaria de nuestro trabajo.

Lo ético comprende, ante todo, las disposiciones del ser humano en la vida, su carácter, sus costumbres y, naturalmente, la moral o forma de vida que tiene como objeto los valores, la libertad, la responsabilidad y la ley, fundamentalmente. Moral y ética no son otra cosa que la traducción de las características más esenciales del ser humano en normas de *"deber-ser"*.

Es decir, una acción será buena, en tanto en cuanto, todos los factores que la condicionan estén en la misma línea:

- Ética: norma para la mejor acción humana.
- Ética: parte de la filosofía que trata de la moral y de las obligaciones del ser humano. Obligaciones compartidas.
- Ética: manera de DEBER-SER y compromiso del sujeto responsable y libre. Tiene una doble función individual y social.
- Ético: tiene que ver con valores, libertad, responsabilidad y ley. DEBER-SER.

Una acción es buena cuando todos los factores que la determinan o condicionan son buenos. Todos. Enseñanza es educación cuando incluye valores, sentimientos, hábitos. El sujeto al instruirse y formarse se construye integralmente.

Hay que hablar en este punto de la deontología del entrenador compuesta por los principios y normas que regulan su acción profesional, es decir, ese conjunto de obligaciones morales vinculadas de forma inherente a su tarea. Si bien, la deontología profesional en el ámbito de la enseñanza de los deportes sólo existe en las obligaciones y responsabilidades que cada entrenador-educador se otorga asimismo derivadas de la reflexión (filosofía) y límites del entrenamiento deportivo.

El entrenador, debe buscar la verdad, procurar la efectividad de su labor, ser crítico consigo mismo, y perfeccionar sus conocimientos y competencias. Y en relación con sus colegas de profesión, debe realizar una ayuda mutua, crítica respetuosa, colaboración responsable e investigación en la acción. Investigar para conocer, conocer para actuar, actuar para mejorar.

En síntesis, toda labor del entrenador posee una dimensión educativa, debe seleccionar las estrategias acordes con los objetivos propuestos y, sobre todo, no debe realizarlo de cualquier manera o a cualquier *"precio"*.

Esta materia también está estrechamente relacionada con la posición de *"fair play"* y de limpieza del deportista en todo lo referente a utilización de sustancias dopantes tanto en el entrenamiento como en la competición.

Por lo que el entrenador debe estar atento a cualquier cambio brusco de sus discípulos en cuanto a su estado anímico y/ físico.

Con esta disciplina pretendemos, también, que el entrenador y el deportista tengan una visión clara y certera de que el camino a recorrer para llegar a ser un buen campeón o un buen deportista, pasan necesariamente porque los dos sean cada día las mejores personas en el mejor entorno de entrenamiento posible.

En ese sentido los objetivos que esperamos que se consigan son:

- Entender el deporte como un subsistema social.

- Identificar el papel del entrenador como agente social de primer orden.

- Destacar la importancia de la relación entrenador-deportista, padres-hijos.

- Ver responsabilidades de otros entornos de influencia: entrenador, club y propio sistema deportivo.

- Valorar los entornos de influencia/excelencia del deportista.

- Entender el modelo sistémico ecológico como metodología de investigación del proceso de desarrollo deportivo.

- Proponer mejoras concretas que aseguren una óptima relación de las partes y un adecuado desarrollo integral del niño-joven-deportista.

Y a partir de ahí, como entrenadores y por lo tanto personas de influencia sobre los deportistas, queremos hacer reflexionar, crear debate, producir conocimiento, generar cambio, originar autocrítica y proponer mejoras de los aspectos psicosociológicos del entrenamiento y de la competición. Siempre en aras de conseguir la excelencia deportiva en el más amplio sentido del término.

2.3. EL CONTENIDO MORAL DEL DEPORTE

La reflexión filosófico-moral de los últimos años respecto al deporte ha sido un análisis conceptual sistemático a los conceptos y problemas ético-normativos de la práctica deportiva. Se han analizado diversas cuestiones éticas que suscita el deporte, como el papel de las mujeres y los hombres en términos de igualdad, el tratamiento hacia los transexuales y hermafroditas, el dopaje, la violencia, el tratamiento de los animales, el tratamiento hacia los menores por parte de padres, entrenadores y autoridades deportivas, el papel de las emociones por parte de los aficionados, la relación entre deporte y nacionalismo, etc.

Si bien, lo más significativo a tratar es:

1) deporte y sexo
2) deporte y nacionalismo
3) deporte y violencia
4) deporte y dopaje y
5) deporte y tecnologías de mejora humana.

2.4. EL DEPORTE EN LA SOCIEDAD ACTUAL

El deporte en la sociedad actual va unido de forma inherente a la propia sociedad industrial y a los cambios en la nueva configuración del uso del tiempo libre y de la práctica del ocio. La escisión entre trabajo y tiempo libre es una de las características más sobresalientes en la vida cotidiana de las poblaciones de las sociedades industriales y urbanas (García Ferrando, 2005). Las actividades de ocio giran en torno a las relaciones personales y al asociacionismo. Este carácter marca profundamente las actividades deportivas; se hace deporte bajo las premisas de diversión y desarrollo personal fundamentalmente.

En una sociedad conviven, no obstante, diferentes formas de deporte: deporte espectáculo, deporte educación, deporte ocio, deporte competición, deporte terapéutico, etc. A su vez, el deporte moderno es un instrumento globalizador que tiene una especial dualidad potencial para unir sociedades y generar intereses.

Según Sánchez Bañuelos (2005), la estructura deportiva de un país, es reflejo de su cultura; cada país y cada cultura tienen un sistema deportivo diferenciado. Esto hace que el estudio y aplicación de los modelos de desarrollo deportivo deban ser programados en función de los intereses y necesidades de los deportistas y de sus condicionantes sociales y situacionales.

Los clubes deportivos son la base de la organización deportiva en España. El asociacionismo es una herramienta fundamental en nuestra sociedad deportiva pues facilita la iniciativa a los ciudadanos, organiza y desarrolla el deporte en libertad y procura un papel vertebrador imprescindible en la actividad deportiva local.

El futuro del deporte pasa por fortalecer el deporte de base, por una mayor promoción y por el mantenimiento del nivel organizativo. El factor de cohesión e identificación con un grupo incrementa la identificación con el deporte, ya no sólo de los deportistas sino también de los familiares, cuya labor de voluntariado y apoyo a los más jóvenes es fundamental.

El deporte ha experimentado una gran evolución en los últimos años. Se puede decir, que la capacidad formativa de los responsables: entrenadores, organizadores, directivos, federativos, etc., ha hecho posible que el deporte tenga la consideración merecida de referencia de deporte excelente.

2.5. EL PROCESO DE SOCIALIZACIÓN

Socialización hace referencia a la capacitan para desenvolverse con eficiencia en la sociedad. Las personas se socializan porque se adaptan a la dinámica de una sociedad determinada, vivir de acuerdo, a unas normas, valores, preceptos y costumbres. Las sociedades aportan un orden concreto a través de la socialización. El proceso de socialización se desarrolla a lo largo de toda la vida y sólo así puede el individuo construir su identidad definiendo el papel que ocupa en el grupo en función de sus circunstancias.

Para Heinemann (1992), una persona apta para vivir en sociedad es aquella que ha desarrollado de forma eficiente una serie concreta de cualidades:

1. Conformidad normativa. Aceptación de las normas, valores y formas de comportamiento dominantes en el medio social.
2. Identidad. Conformidad normativa en equilibrio con la propia individualidad. La persona debe conocer sus ideas y deseos y reconocerse a sí misma frente al entorno.
3. Autonomía individual. Sentimiento de identidad suficientemente sólido.
4. Solidaridad. Capaz de combinar identidad y autonomía individual con obligaciones sociales respecto a los demás. Ser solidario que armonice por completo con los propios valores y convicciones personales y siendo beneficioso para la colectividad.

Estas cuatro cualidades evolucionan a lo largo de la vida.

Fases críticas del proceso de socialización:

1. Situación de aprendizaje: rasgos de personalidad, habilidades motrices, raza, edad, sexo, lugar de nacimiento.
2. Agentes socializadores: especialmente importantes padre y madre, amistades, ídolos, profesorado.
3. Situaciones sociales. Momento y lugar de interacciones con los demás. Hogar familiar, escuela, club deportivo, lugar de trabajo, barrio, país.

Si bien el proceso de socialización no termina nunca: socialización primaria y socialización secundaria. La socialización primaria tiene lugar durante los primeros años de vida de la persona y es decisiva en la construcción del "yo". Tiene lugar fundamentalmente en el ámbito familiar y escolar. El elemento fundamental de esta fase es la adquisición del lenguaje. La socialización secundaria se produce cuando la persona entra en contacto con agentes socializadores y situaciones sociales. El proceso de socialización ha sido estudiado muy significativamente desde la perspectiva psicológica.

2.6. LA SOCIALIZACIÓN EN EL PROCESO EDUCATIVO

El concepto de educación social es la ayuda necesaria recibida a fin de desarrollar mejor y con más plenitud sus habilidades sociales iguales dentro de la comunidad y de cumplir con sus obligaciones cívicas y políticas

El ser humano nace sociable pero no socializado. Convertirle en socializado es tarea educativa. La filosofía existencial afirma que el ser humano es un ser referido a otros.

Concepto de socialización es proceso mediante el cual el individuo acepta consciente o inconscientemente pautas de conducta, valores y formas de pensar más habituales en la comunidad en la que vive aprende a convivir con los demás.

Socialización es también:

- Proceso a la conversión del individuo en miembro funcional de la comunidad mediante la adquisición de la cultura que le es propia.
- Adaptación sociocultural en su medio ambiente.
- Conducta aprendida bajo el influjo y el control de la sociedad dónde vive.
- Apertura a los demás con los que ha de compartir su existencia.
- Interiorización de la mentalidad imperante a su alrededor.

- Personalización social cuando los rasgos más salientes de la personalidad moral en el contexto en el que se desenvuelve.
- Asimilación de los valores más aceptados en la sociedad.

- 30 -

2.7. EDUCACIÓN Y VALORES SOCIALES

La educación consiste en una socialización metódica de la generación joven. Constituir el ser social en cada uno de nosotros. La socialización es la asimilación consciente o inconsciente de las pautas costumbres y estilos conductuales en la sociedad.

Los valores sociales no pueden subsistir la sociedad aceptación de esos valores por los miembros de la sociedad es fundamental los valores sociales El proceso educativo en cuanto socialización es inseparable de esquemas mentales los prejuicios y los estereotipos y actitudes.

El conocimiento social está inmerso en irracionalidad, subjetividad de grupo esquemas mentales previos que oscurecen la racionalidad la intervención pedagógica. La educación social en una sociedad plural es más compleja que en una sociedad uniforme.

La escala de valores, los prejuicios y los estereotipos, la información, las creencias, los principios éticos, la libertad y el respeto a los otros en este complicado equilibrio del comportamiento social en una comunidad en la que prevalece el pluralismo en este tipo de sociedades es más urgente y necesaria la educación social que lo es la educación moral de la que forma parte.

Para el gran pedagogo americano Dewey, el medio ambiente es una continuidad entre cuánto lo rodea al individuo y el mismo cómo ser viviente. Nosotros nunca educamos directamente sino indirectamente por medio del ambiente, de escuelas que siguen siendo del ambiente formado que influye en las disposiciones mentales y morales de sus miembros.

La función de la escuela es la de cualificar y preparar para ejercer adulta roles y oficios.

3. VALORES Y EL JUEGO LIMPIO

3.1. EL DEPORTE COMO HERRAMIENTA EDUCATIVA

El deporte, como herramienta educativa, promueve la práctica de una educación en valores a toda la sociedad a través de las buenas prácticas. Representa una grandiosa preparación para la vida capaz de potenciar los valores humanos y ofreciendo la posibilidad de generar confianza a uno mismo, trabajo en equipo, superación personal, valor del esfuerzo, disciplina, espíritu de excelencia y otras virtudes de la vida diaria.

Todo programa de educación en valores en el sistema educativo y deportivo debe necesariamente tratar como una materia transversal la educación en valores con la que se hagan las mejores transferencias del deporte a la vida cotidiana.

Los programas de educación en valores a través del deporte necesitan de la creación de programas específicos y coordinados por especialistas que posibiliten los mejores resultados psicosociales. La creación de estos proyectos educativo-deportivos debe ser un recurso didáctico para los profesionales del entrenamiento y práctica deportiva para fomentar valores como el respeto, la convivencia, el trabajo en equipo, el espíritu deportivo y la superación personal a través de los contenidos sociodeportivos. Así, se profundizará en la educación en Valores con los principios que inspira el juego limpio en el deporte.

Se hace necesario, pues, avanzar en la educación deportiva de valores socioculturales en directivos, deportistas, entrenadores, padres y madres, para llegar a una asunción total de que la práctica deportiva es una fuente de bienestar y de realización personal, con efectos beneficiosos en numerosos ámbitos de la persona como es la adquisición de valores necesarios para la vida social.

3.2. VALORES DEPORTIVOS

Los valores son comportamientos del individuo que conforman su identidad personal. La identidad es el conjunto de creencias y valores que determinan quien soy y condiciona el sentido de mi vida. Los valores, son entonces, esas cualidades que le dan forma a nuestra vida y son percibidas y manifestadas en forma de sentimientos y emociones. Los valores tienen, así mismo, su origen en la sociedad a la que se pertenece, valores comunes, compartidos, aceptados e interiorizados.

Los valores son un problema capital para todo entrenador-educador, ya que educar implica adquirir saberes, habilidades, comportamientos y actitudes valiosas (Gutiérrez, 1995). En todo acto de transmisión de conocimientos y de valores hay que conocer profundamente al sujeto, su historia, sus experiencias, sus capacidades, sus intereses, sus necesidades, sus motivaciones, su perfil de valores.

La enseñanza de conocimientos va unida irremediablemente a la transmisión de normas y valores. Los valores son adquiridos a través de los procesos de socialización y de transmisión entre los seres humanos. El valor es una creencia duradera en el tiempo, un modo de conducta asumida y aceptada como buena por la persona.

Los valores son, también definidos como fenómenos psicosociales intrapersonales conformados a partir de la interacción del sujeto con su ambiente, integrados por tres componentes: el cognitivo, el afectivo y el conductual. Decir, por último, que los valores también actúan como autocensura de la conducta, anticipándose a ella, por lo que los juicios morales rigen la conducta del individuo.

En este contexto entra la moral que es construida a partir de la interacción con el medio, y se define como el conjunto de comportamientos y normas que se pueden aceptar como válidos en un contexto sociocultural determinado (Sabater, 1997). La ética, por su parte, es el modo de comprometer a todos en la realización de un mundo mejor (Camps, 1994).

Pero, ¿es el deporte un medio adecuado para transmitir valores? Parece obvio y demostrado que se trata de una vivencia en contexto agradable, donde se dan situaciones de desarrollo moral, y existe la mayoría de las veces un juego participativo.

Pero, no parece menos cierto que el deporte es en muchísimas ocasiones una vivencia en contexto desagradable, que provoca situaciones de desarrollo amoral, y donde el juego se muestra en su peor desarrollo competitivo. Es decir, el deporte puede no ser un medio adecuado para transmitir valores.

El entrenador, por tanto, debe intervenir de forma directa y consciente sobre la ética y la moral de sus deportistas. Debe realizar un cierto esfuerzo en ello.

3.3. DESARROLLO DE LOS VALORES

Un deporte es educativo cuando permite el desarrollo de las aptitudes motrices y psicomotoras en relación, a los aspectos afectivos, sociales y de conocimiento de la personalidad del niño (Le Boulch, 1991). Su valor social está, por tanto, en la función de estructuración personal del individuo, construcción sociocultural y compromiso en los principios normativos de comportamiento.

Valor, es una creencia duradera de preferencia personal y social de un modo de conducta. Los valores son adquiridos a través de los procesos de socialización y de transmisión entre las personas. Para los niños y jóvenes los tres grandes contextos configuradores de sus valores y actitudes son: el ámbito familiar, el ámbito escolar y el ámbito sociocultural. Los valores son fenómenos psicosociales intrapersonales conformados a partir de la interacción del sujeto con el ambiente.

Valores como la diversión, la seguridad, el logro, la autorrealización, el juego limpio, el compañerismo, la solidaridad y la cooperación son un derecho de los niños y de los jóvenes. Esto queda bien recogido por las instituciones europeas a través de la Declaración de los Derechos de los Jóvenes Deportistas.

No obstante, la utilidad del deporte como medio de promoción de valores éticos y personales para sus practicantes no se garantiza por el sólo hecho de realizar dicha práctica deportiva, se requiere además una actitud y programación deliberada a ese respecto por parte de los organizadores deportivos, entrenadores y/o instituciones responsables del deporte. La transmisión de normas y valores demanda de una voluntad explícita por todas las partes.

El desarrollo de los niños está muy vinculado a las expectativas que generan los agentes psicosociales del entorno inmediato; esto es padres, escuela, entrenadores, por lo que la verdadera socialización se da cuando se comparten valores comunes y se adapta la conducta a las expectativas de sus modelos de referencia.

Individualismo y cooperación

En el deporte individual el deportista debe competir sólo frente a otros deportistas que también compiten individualmente. No existe la cooperación con otros compañeros y todo depende del rendimiento individual. Los resultados, favorables o adversos, son de un solo deportista, único responsable de los éxitos y fracasos deportivos y de sus consecuencias.

Estas circunstancias determinan en gran medida las necesidades psicológicas de los deportistas, por lo que su conocimiento es esencial para el entrenador que pueda coordinar junto con el profesional de la psicología deportiva los programas de intervención adecuada y útiles.

Otro aspecto significativo de los deportes individuales es que el deportista debe afrontar en soledad gran cantidad de momentos adversos (lesiones, desánimo, etc.)

Aunque, por otra parte, la obligación de centrarse en uno mismo ayuda a que el deportista detecte con más precisión sensaciones, movimientos, pensamientos, y cualquier cuestión relevante de su rendimiento. Esto facilita el trabajo del entrenador y el asesoramiento del psicólogo deportivo.

También los deportistas individuales tienen la característica de la vulnerabilidad a distintas alteraciones patológicas:

- Exceso de preocupación por su estado físico.
- Desproporcionada trascendencia de su rendimiento y resultados deportivos.
- Dependencia de la propia actividad física: en deportistas, necesidad de salir a correr.
- Realización de comportamientos poco saludables para controlar sus problemas: sobreentrenamiento.

En muchas ocasiones los deportistas individuales tienen hábitos muy consolidados que perjudican su rendimiento: desorganización del entrenamiento; por lo que una tarea interesante a realizar los entrenadores en los deportistas de deportes individuales será la de diseñar conjuntamente con el propio deportista y el coach o psicólogo deportivo programas de autocontrol para:

- Planificar mejor el tiempo.
- Planificación de la actividad.
- Planteamiento de objetivos.
- Dominio de rutinas de entrenamiento y de competición.
- Evaluación del rendimiento.
- Preparación personal para la competición, autocontrol de la activación y de la atención.

Sin duda la autoevaluación del propio rendimiento es un factor esencial en estos deportes, donde es importantísimo utilizar indicadores independientes del resultado en la competición, es decir valorar más las ejecuciones técnicas y tácticas.

Los deportes de equipo

En estos casos, el resultado colectivo depende de la suma de los resultados individuales de todos o parte de sus componentes, planteándose una situación mixta entre lo individual y lo grupal, por un lado, el deportista debe realizar tareas individualmente, sin la cooperación de sus compañeros y asumiendo toda la responsabilidad, pero debe hacerlo teniendo en cuenta que su esfuerzo individual debe resultar útil al equipo.

Estas referencias al grupo, al club, provocan en el deportista una mayor identificación y pertenencia a un colectivo, favoreciendo el proceso de socialización deportiva, y ésta a su vez repercutirá positivamente en el rendimiento del deportista.

4. EL LIDERAZGO ÉTICO Y MORAL DEL ENTRENADOR

4.1. DIMENSIÓN ÉTICA DEL LIDERAZGO

La dimensión ética del liderazgo pasa por la mejor transmisión de valores positivos compartidos. Los valores son creencias que las personas hacen suyas de tal manera que guían el comportamiento cotidiano. Los valores son referentes de tipo ético que otorgan coherencia, credibilidad y respeto a las personas que los poseen. Los valores son a las personas como las raíces a los árboles, proporcionando estabilidad emocional y de razón y haciéndole más eficaces en su gestión integral de comportamiento.

Para la figura de un líder, esto es fundamental, pues debe ser quien transmita los valores compartidos que regirán el comportamiento integral del grupo. Se trata de transmitir por educación y formación, no por obligación. Un equipo con valores es un equipo con personalidad y con un comportamiento estable y coherente.

El entrenador no puede desprenderse de su rol personal en el ámbito profesional del deporte. Todo lo contrario, como profesional de un ámbito en donde las relaciones sociales son determinantes, la construcción de un equipo en base a unos valores apropiados es necesario.

Estos valores deben ser entre otros:

- sentido de equipo
- capacidad de esfuerzo
- entusiasmo
- superación personal
- tendencia a la eficacia

Así pues, quien asume la función de dirigir y liderar un equipo de trabajo, asume también la responsabilidad de facilitar y generar contextos apropiados en los que se trabaje bien, donde resulte fácil la convivencia y donde sea una oportunidad de bienestar psicosocial y de desarrollo emocional.

Desde la dimensión ética del liderazgo, el entrenador debe trabajar cada día por lograr un clima socioemocional de calidad para el equipo que implica necesariamente una mayor generación de confianza mutua, de buena armonía y mejor disposición de todas las partes donde los denominados valores sean del todo compartidos desde la asunción de mejora personal y del grupo.

Los valores, creencias y normas de conducta compartidos configuran la cultura del equipo y son una parte esencial de la identidad y de la vida de dicha organización. Quienes dirigen todo este entramado cultural de un equipo deportivo y por tanto lideran un proyecto que afecta a muchas personas, muchas de las cuales pueden ser menores de edad, deben necesariamente construirlo desde una ética y comportamiento social muy consistente para desarrollar y fortalecer al grupo de personas desde ese proyecto común.

Tanto desde las redes formales como las informales, se debe crear un marco de referencia ético y de valores acordes con una sociedad que cada vez más demanda juego limpio, respeto, y modelos de conducta tanto individual y grupal ejemplares.

En esta aportación de ejemplaridad está el entrenador metido de lleno pues es el principal transmisor de la filosofía del club y de sus valores. La influencia que se ejerce desde el ejemplo es determinante principalmente en deportistas jóvenes y niños.

Los valores y norma del grupo se transmiten desde las experiencias comunes y compartidas de aprendizaje. Desde la cotidianeidad del entrenamiento. Desde la mejor vinculación y comunicación de los agentes de influencia del deportista como son los padres y entrenadores.

La autoridad, prestigio moral y credibilidad del entrenador viene determinado entonces por su mayor ejemplaridad de comportamiento. La autoridad se debe ganar desde el comportamiento ejemplar cotidiano para tener y aportar respeto, reconocimiento, credibilidad y prestigio ético y moral.

La ética e integridad es absolutamente esencial al liderazgo. Integridad, ética y credibilidad fomentada en el itinerario vital de las personas. Construida en el día a día, gesto a gesto. Los deportistas otorgaran la mayor potestad de liderazgo al entrenador cuando se convenzan de que no les manipula, ni les explota, ni les miente. Cuando se constate de forma positiva y alta su calidad humana. En ese sentido el liderazgo es una constante búsqueda de la integridad. Los valores del líder serán los valores de la organización y del equipo. El comportamiento ético es definitivamente rentable y proporciona resultados óptimos desde la autoridad moral, la generosidad y la motivación colectiva.

El sentido ético del liderazgo tiene que estar compuesto pues de:

- Responsabilidad
- Compromiso
- Sinceridad
- Sentido de justicia
- Ecuanimidad de decisiones
- Respeto a todos
- Firmeza y exigencia.

Deontología se define como principios y normas que regulan una acción profesional. Obligaciones morales vinculadas a una profesión. El profesional docente debe buscar y exponer la verdad, procurar efectividad, ser crítico consigo mismo, perfeccionar sus conocimientos y defender la libertad docente. Su actuación debe diferenciarse dependiendo de su interlocución socio personal:

a) En relación, a sus compañeros: ayuda mutua, critica respetuosa, colaboración responsable, investigación colaborativa.
b) En relación, a deportistas: respetarles, orientarles, estimular su aprendizaje, evaluar honestamente, ser discreto.
c) En relación, a la sociedad: ciudadanos de derechos y obligaciones, responsabilidad con la institución, defender la libertad académica.

En ese sentido desde el ámbito familiar se debe propiciar valores como:

- Desarrollo de autoconfianza
- Formación de la conciencia moral
- Desarrollo de capacidades intelectuales
- Transmisión del motivo de logro
- Desarrollo de la empatía y solidaridad
- Capacidad de dominio y solución de conflictos.

Valor se define como cualidad estructural que surge de las reacciones de un sujeto frente a las propiedades que se hallan en el objeto. Valor es la dignidad o perfección, real o ideal, que reclama la estimación y reconocimiento adecuados.

El ser humano no crea el valor, lo descubre al encontrarse con los ideales. Los valores identifican el ser ideal. En el ser humano existe siempre tensión entre el ser y el DEBER-SER. Hay que decidir constantemente en qué es lo más valioso para su DEBER-SER.

El entrenador es, necesariamente, el enlace entre el equipo y el resto de la organización, por lo que es fundamental que adquiera habilidades de comunicación, conocimientos sobre resolución de conflictos y llegue a tener grandes dotes de consenso. Los entrenadores deben favorecer aspectos que repercuten en las habilidades sociales mediante conductas que faciliten las relaciones y propiciando acciones de solidaridad y tolerancia.

Las creencias, valores y expectativas personales que el entrenador tiene ante la vida, van a ser determinantes y van a influir en su forma de entender el entrenamiento y la relación con los deportistas, los directivos y, en su caso, con los medios de comunicación.

El apoyo personal-social que tiene que proporcionar el entrenador debe quedar entre la exigencia y la afectividad, en un equilibrio entre ambas formas de comportamiento y relación donde se tengan en cuenta los cambios en el proceso de maduración del deportista, entender las emociones de los demás y controlar la propia, y donde se sepan gestionar emocionalmente las diversas situaciones de éxito y fracaso que se deriven de los resultados.

El apoyo social se define como la conducta del entrenador caracterizada por una preocupación individual por los deportistas, por su bienestar y por un ambiente positivo para el grupo. Por tanto, la orientación deportiva de los jóvenes deportistas debe realizarse:

- en base a las aspiraciones y aptitudes del deportista

- como proceso continuo a través de todas las etapas de desarrollo del deportista

- generando en el deportista una adecuada toma de decisiones

- con una fuerte adherencia al entrenamiento

- con adherencia a actividades complementarias al entrenamiento

La Declaración de los Derechos de los Jóvenes Deportistas (Niza, 2000), nos aporta una buena guía en el trabajo a realizar sobre los deportistas más jóvenes:

- Derecho a participar en el deporte.

- Derecho a participar a un nivel acorde con la madurez y capacidad de cada niño.

- Derecho a contar con la dirección de un adulto cualificado.

- Derecho a jugar como un niño y no como un adulto.

- Derecho de los niños a compartir la dirección y la toma de decisiones del deporte en el que participan.

- Derecho a participar en un entorno seguro y saludable.

- Derecho a una preparación adecuada para la participación en los deportes.

- Derecho a igualdad de oportunidades para luchar por el éxito.

- Derecho a ser tratado con dignidad.

- Derecho a divertirse en el deporte.

- Derecho a formarse como persona y como deportista.

Desde esta posición el desarrollo de valores personales y sociales del deportista pasa por conseguir en ellos: aceptar y respetar normas; respeto y consideración con los jueces; ser respetuoso con los demás; ser tolerante, solidario y generoso; trabajar en equipo; asumir responsabilidades, ser exigente con uno mismo, ser perseverante y disciplinado; aprender de éxitos y fracasos.

Otros factores determinantes en la formación de jóvenes deportistas de élite sobre los que el entrenador debe incidir son: el clima de diversión y disfrute, la importancia de la cantera, el proceso a largo plazo, no quemar etapas, el carácter educativo del entrenamiento, y la intervención moderada de padres sabiendo apoyar sin interferir.

Como conclusión de este tema tan interesante e importante aportamos la definición de entrenador experto resultante de investigaciones con multitud de entrenadores del mayor nivel deportivo (Lapuente 2005):

"Con grandes conocimientos de su deporte, preocupado sobre todo por instruir y formar bien a sus deportistas dentro de un marco de respeto, de consideración mutua y de afectividad unida a la exigencia hacia el trabajo; con una exhaustiva planificación y organización del entrenamiento y de la competición, que utiliza de manera consciente y apropiada el refuerzo y feedback positivo, y ajusta los objetivos de manera adecuada y congruente (Balaguer, 1994). Utiliza el apoyo social de forma mesurada y adaptado a cada deportista. Pide la opinión de sus jugadores con frecuencia y les aporta márgenes de responsabilidad y de iniciativa proporcionados a su edad y al momento competitivo en que se encuentran. Preocupado fundamentalmente, por

hacer madurar emocionalmente al joven paralelamente a su proceso de mejora como competidor.

Apasionado por su tarea, aprecia el detalle técnico, se considera capacitador de personas y entiende la exigencia y la afectividad como inseparables. Más que apreciado, es líder de sus deportistas, entre otras razones, por transmitirles ilusión, entrega, seriedad, y honestidad, respeto y conocimiento. Analiza todo, al punto de ser sistemático en su quehacer. Se considera sobre todo competente en la disciplina deportiva, aunque le interesan las relaciones humanas y valora las cuestiones de psicología deportiva. Se define como un entrenador con autoridad, sin ser duro, y por encima de todo habla de capacidad de esfuerzo y crea mucho compromiso. Prefiere competidores maduros y por ello les forma en un entorno de respeto y afectividad, pues según comentan ellos mismos: "no puedo exigir a nadie sin dar afectividad".

"Sabe manejar la forma de enseñar el deporte y de corregir errores de tal manera que el deportista tolera bien las evaluaciones del exterior y presenta una buena valoración de su rendimiento. Le instruye en estrategias psicológicas para el entrenamiento y la competición. Crea los recursos necesarios para mantener una motivación adecuada. Intenta transmitir la mayor serenidad y equilibrio posible para generar autocontrol en sus discípulos. Y adecua intereses, expectativas, necesidades y motivaciones de todos los componentes del equipo para conseguir compromiso y una razonable cohesión grupal".

4.2. FUNCIÓN SOCIAL Y SOCIOEDUCATIVA DEL TÉCNICO DEPORTIVO

Los entrenadores son los agentes psicosociales de mayor influencia en la vida del deportista junto con la familia y la pareja. El entrenador es un agente social de primer orden, pues consideramos su función desde una perspectiva social-cognitiva, tanto por las variables personales como por las situacionales, que serán las responsables de los pensamientos, sentimientos y conductas de las personas. En los entornos de logro, los objetivos de logro, gobiernan las creencias sobre el logro y guían de forma consecuente nuestro comportamiento (Nicholls, 1989).

El entrenador juega aquí un papel de preferente en la medida que sirve para dar confianza, es el ancla en el que se amarra el deportista cuando así lo necesite. Es el faro que alumbra las dudas del deportista ante aspectos del deporte o de su propia vida. Tomar conciencia de ello es imprescindible para poder guiar consecuentemente la carrera deportiva del deportista (Ruiz Pérez y Sánchez Bañuelos, 1997).

El entrenador debe diseñar un ambiente que mejore el aprendizaje, la ejecución y el desarrollo del joven deportista, aumentando su motivación al ser evaluados por su mejor técnica y por su esfuerzo con un feedback y un refuerzo bien proporcionados (Boixadós et al., 1998).

El entrenador al enseñar transmite conjuntamente una serie de valores que también son aprendidos:

- Libertad-autoritarismo
- Actividad-pasividad
- Optimismo-pesimismo

El entrenador es, pues, interventor y conformador en el proceso de formación de la personalidad del deportista. Toda docencia tiene una dimensión educadora por vinculación profesión-vocación e instrucción-educación.

La educación será mejor cuanto más se pueda prescindir de imposiciones desagradables como son los castigos y cuanto más desee el sujeto la educación sin mayores estímulos ni recompensas. La virtud moral no se enseña, se aprende.

La educación exige querer educarse y supone esfuerzo y superación. Crear hábito de esfuerzo y libertad para el DEBER-SER. Educar para la vida es hoy día, educar para una sociedad dura, en la que la felicidad del ser humano reside en la mejor combinación de renuncia y placer.

La educación es una conquista personal e interpersonal por intervención del educador y será más ética cuanto menos sean necesarios los premios y castigos.

Existen distintos entornos de influencia en el deportista (familia, equipo, club, escuela, amigos, novias/os, municipio, etc.) contextos en los que directamente el entrenador tiene que trabajar sobre ellos, incorporarlos a la tarea de entrenamiento, y siendo él quien conduzca las diversas interacciones que se dan entre ellos y el deportista.

Si no se realiza una óptima labor con los padres de deportistas jóvenes puede ocurrir que se invada el trabajo del entrenador, que haya una pérdida de autoridad por parte del entrenador y derive todo en un gran desajuste de referencias en el deportista.

Es por estas razones que las estrategias de los entrenadores con los padres deben ser (Buceta, 2004):

- Intentar comprender a los padres.
- Escucharles con atención y respeto.
- Aceptar las críticas.
- Ser claro, sincero y hacerlo con tranquilidad.
- Hablar sólo de su hijo y no de otros deportistas.
- Argumentar su postura, sin pretender convencer.
- Dejar claro que lo que importa es el deportista y todos debemos tenerlo en cuenta.
- Reuniones de inicio de temporada.
- Reuniones específicas grupales o individuales en temporada.
- Informaciones concretas en momentos especiales (competiciones, bajones).

Donde los contenidos de las reuniones con padres se refieran a:

- Aspectos formativos de la actividad deportiva.
- Importancia del comportamiento de los padres.
- Objetivos deportivos, tanto individuales como colectivos.
- Importancia de cumplir los compromisos adquiridos por los deportistas.
- Compromiso de los padres de ayuda y vinculación con los objetivos de sus hijos.
- Apoyo mesurado, sin presión, a los resultados conseguidos, tanto positivos como negativos.
- No hacer de entrenador paralelo.

Los padres y madres deportivos, son padres y madres educadores:

- Enseñan a ganar con humildad y a perder con deportividad.
- Fomentan la no violencia y juego limpio.
- Tienen en cuenta los intereses del niño y no el suyo.
- Recriminan, si es preciso, la falta de respeto a compañeros, rivales, entrenador, etc.
- Alaban el progreso y el esfuerzo realizado.
- Preguntan primero si se ha divertido.

Son padres que educan en valores y hacen a sus hijos mejores deportistas y mejores personas, consiguiendo en ellos aceptar normas y reglas, fomentar colaboración y compañerismo, superar la timidez, respetar a sus entrenadores, adversarios y árbitros, potenciar la responsabilidad, y fomentar hábitos de vida saludables.

Los tres grandes contextos configuradores de los valores y actitudes de niños y jóvenes son, también, el ámbito familiar, el ámbito escolar, y ámbito sociocultural. En este punto el entrenador tiene la función de:

- Crear el mejor clima motivacional contextual
- Que el deportista tenga una mayor madurez personal, una mayor inteligencia emocional
- Relativizar los resultados
- Respetar y hacer respetar las reglas
- Potenciar actitudes de esfuerzo
- Ser crítico constructivo
- Fomentar la tolerancia y el respeto
- Formar un estilo de vida deportivo

Conseguir, en definitiva, una mayor tolerancia psicológica del deportista, ya que sobre todo el entrenador es un madurador de personas.

En el proceso de desarrollo deportivo del niño, del joven, hay que romper con la dicotomía de rendimiento/recreación, e independientemente de en qué situación de entrenamiento se encuentre, tienen que darse necesariamente y de forma integrada la socialización, el aprendizaje técnico, el aprendizaje en valores y la diversión.

El deporte tiene una poderosa función de socialización y de transmisión de valores: respetar, considerar, reconocer, apreciar, confiar, estimar, valorar, querer, son los verbos que en el ámbito del entrenamiento y la competición se deben conjugar cada día. Por todos. No seré buen entrenador si no llego a querer a mis deportistas, desde un respeto máximo a su persona y a su entorno inmediato.

4.3. PROBLEMAS SOCIALES DE LOS DEPORTISTAS DE ÉLITE

Identificar los problemas inherentes a la práctica deportiva de alto nivel es uno de los aspectos más importantes en la política deportiva y social.

El alto rendimiento deportivo requiere de tanta exigencia psicosocial y emocional que es necesario tener buen cuidado en la atención de los deportistas, tanto en activo como de cara a su retirada.

Por lo tanto, se tiene que generar un entorno de alta calidad psicosocial y de entrenamiento:

- Adaptación en la retirada
- Formación específica
- Inteligencia emocional
- Gestión de su patrimonio
- Estabilidad emocional
- Reconocimiento social
- Perspectivas de futuro
- Suficiente dedicación al entrenamiento
- Apoyo técnico a alto nivel
- Apoyo biomédico y científico
- Apoyo tecnológico
- Infraestructura y equipamientos adecuados

4.4. LA RESPONSABILIDAD MORAL DE DEPORTISTAS Y ENTRENADORES COMO FIGURAS MEDIÁTICAS

En nuestras sociedades muchos deportistas profesionales se han convertido en verdaderas figuras mediáticas, llegando a adquirir un protagonismo y fama evidente incluso fuera del ámbito deportivo, convirtiéndose en los héroes de muchos niños y jóvenes. Ésta realidad puede tener un gran riesgo pues en ocasiones esta admiración que muestran los jóvenes hacia los deportistas, en lugar de beneficiarles en su crecimiento personal y moral, puede resultar perjudicial, sobre todo si pretenden llegar a convertirse en estrellas del deporte como sus ídolos y fracasan en el intento.

Para evitar este tipo de riesgos en el crecimiento moral y humano de los jóvenes, los deportistas profesionales deberían asumir una doble responsabilidad moral que tendrán que cumplir no solo en la competición deportiva, sino en su vida personal. Los deportistas tienen la responsabilidad moral de asumir y cumplir con las reglas constitutivas del deporte en el que se han especializado y esforzarse al máximo en sus posibilidades.

Para alcanzar este objetivo realizarán un trabajo duro en la competición y además, deberán trabajar cooperativamente en la búsqueda de la excelencia moral, sin tratar al oponente como un obstáculo que superar en su camino a la victoria. Es necesario para asumir esta primera parte de responsabilidad que los deportistas conozcan y cultiven los valores morales del deporte como son la disciplina, la dedicación, el respeto por el juego limpio, sin los que la práctica deportiva carece de sentido.

Deben tener la responsabilidad moral de hacer que su comportamiento en su vida fuera del ámbito deportivo sea ética en general, debido a la situación privilegiada en la que están. No es conveniente convertirlos en héroes o casi perfectos. En muchos casos los deportistas idolatrados no cumplen con comportamiento moral adecuado en la vida cotidiana.

Por ello, si los deportistas se comportan de forma inmoral en su vida, este comportamiento puede hacer un gran daño a sus admiradores, sobre todo si se trata de niños y adolescentes, que ven en ello un referente moral de comportamiento, e incluso puede llevarles a justificar este tipo de acciones ilegales e inmorales amparándose en el hecho de que sus ídolos también lo hacen.

Ante la posibilidad de esta situación los deportistas tienen que asumir su doble responsabilidad, tanto en el terreno de juego como en su vida privada, mostrando un comportamiento moral, honesto y con legalidad social, sobre todo si partimos del hecho de que los deportistas son considerados un referente moral de conducta.

Más aún, si consideramos que su posición como deportistas de élite les otorga privilegios económicos que les permiten llevar una vida muy por encima del resto de ciudadanos.

Todo ello les debe generar una asunción de responsabilidades y evitar llevar una vida desordenada, bien porque consumen algún tipo de drogas o alcohol, u otro tipo de comportamientos similares que puedan dar motivos para que sus admiradores hagan lo mismo y justifiquen su mala conducta alegando que lo hacen porque su ídolo deportivo también lo hace, lo que rompería el ideal pedagógico que tiene el deporte como vehículo transmisor de valores morales.

Por tanto, los deportistas de alta competición tienen mayores responsabilidades morales debido a que con el éxito y la fama se han convertido en modelos a imitar por muchos niños y jóvenes, con lo que su modo de comportarse ejerce una gran influencia negativa si no son éticos en su comportamiento.

De ahí la importancia de observar un comportamiento ejemplar, desde el punto de vista moral y legal, que tenga como consecuencia la mejor influencia en el carácter moral de toda la sociedad.

5. SOCIOLOGÍA DEL DEPORTE DE ALTO RENDIMIENTO

5.1. LOS CONTENIDOS DE LA SOCIOLOGÍA DEL DEPORTE

Sociología del deporte de alto rendimiento se puede definir como el estudio de lo social dentro del ámbito del deporte que tiende a los resultados, a la capacidad de lograr lo deseado. Es un terreno, por tanto, de exigencia, de compromiso y de resultados. También de liderazgo y afectividad. La sociología es la ciencia social que se dedica al estudio de los fenómenos que surgen en la sociedad.

Conocer el comportamiento social en relación, al deporte es clave, por ello hay que investigar para conocer, conocer para actuar, actuar para mejorar.

El deporte, es un fenómeno social complejo para la sociología, y también un fenómeno relevante para la educación, la psicología, la economía, la medicina o la política. El deporte es un subsistema social, tiene una función de socialización y de transmisión de valores capital. La sociología del deporte, por tanto, pretende estudiar y entender el deporte desde el punto de vista de su relación con la sociedad en su conjunto.

Por ello es clave estudiar la implicación de los poderes públicos y estructuras deportivas, así como:

a) Identificar los inconvenientes inherentes a la práctica deportiva de alto nivel.
b) Saber problemas sociales de los deportistas de élite.
c) Conocer la trascendencia social del deporte espectáculo y de alto rendimiento.
d) Conocer las técnicas y aplicaciones de investigación social en el deporte.
e) Identificar los contextos y determinantes sociales y culturales de la actividad deportiva.
f) Analizar la imagen social del deporte, su significación, mitos, ritos y símbolos.

En ese sentido, los contenidos necesarios para entender todo lo que tiene que ver con la sociología del alto rendimiento en donde están contenidos los valores sociales y la ética colectiva, son:

1. Medios de comunicación y deporte.
2. Racismo y deporte.
3. Mujer y deporte.
4. Metodología de investigación social.
5. Tipos de técnicas de investigación.
6. Deporte espectáculo.
7. Problemas sociales de los deportistas.
8. Violencia y deporte.
9. Dopaje y deporte.
10. Transmisión de valores a través del deporte.

Según Coakley (1987), la sociología del deporte se ocupa de 4 grandes áreas:

1) Las relaciones entre el deporte y otras facetas de la vida social como pueden ser, la familia, la educación, la política, la economía o la religión.
2) La organización social, conducta de grupo y patrones de interacción social que existen en el Deporte y sus diversas modalidades.
3) Los factores culturales, estructurales y funcionales que afectan a las diferentes experiencias deportivas.
4) Los procesos sociales relacionados con el Deporte, como son: la socialización, la competición, la cooperación, el conflicto y la estratificación y cambio sociales.

Ámbitos específicos de la sociología deporte:

- Sociología del deporte, del fútbol
- Sociología de las organizaciones, del club
- Sociología del grupo, del equipo
- Sociología del deportista, del jugador

5.2. INVESTIGACIONES EN SOCIOLOGÍA DEL DEPORTE

Diversas investigaciones ponen en evidencia la importancia y necesidad de valorar e investigar todo lo que tiene que ver con lo sociodeportivo, con la mayor y mejor vinculación de lo social con lo deportivo. Es inherente al ámbito del deporte, enmarcarlo en la sociedad concreta donde se halla incluido.

- *Socialización y espacios deportivos.* Rodríguez Díaz, A. (2006). Los espacios deportivos son espacios de socialización en base a valores.
- *Deporte, interculturalidad y calidad de vida. Nuevos modelos de integración social.* Molina, F. (2006)
- *Reflexiones sobre la cultura del fútbol.* Cantarero, L. (2006). La socialización facilita pautas de integración en contextos de diversidad cultural. Tanto en deporte para todos como en deporte de élite. Análisis psicosocial y cultural sobre el fútbol contemporáneo. Importancia del fútbol en el desarrollo de identidades.
- *La práctica deportiva grupal como instrumento socializador para jóvenes en situación de riesgo.* Gómez, C. (2006). Herramienta educativa y de transmisión de hábitos de conducta.
- *Entornos de excelencia en el desarrollo de los deportistas de alto nivel.* Lapuente, I. (2008).

5.3. EL DEPORTE COMO SÍMBOLO

Los deportes son fenómenos sociales, ocasiones o acontecimientos que implican relaciones sociales y actividades colectivas, y que tienen relevancia para las vidas sociales de las personas.

Los vínculos que establecen los seres humanos comporta una interdependencia directa con personas concretas, como padres, hijos y amigos, así como la interdependencia indirecta con colectividades como ciudades, clases sociales, mercados, grupos étnicos e incluso naciones.

Mediante la identificación con un equipo deportivo, la gente expresa su identificación con la ciudad a la que representa o quizá con un subgrupo concreto, como una clase social o etnia.

La pertenencia o identificación con un equipo deportivo aporta a la gente un puntal para su identidad, una fuente de sentimientos grupales y un sentido de pertenencia.

En el caso de los seguidores más comprometidos y quizá también para otros, el deporte funciona como una *"religión suplente"*.

El deporte ha pasado a cumplir algunas de las funciones antes ejercidas por la religión

El deporte es, por tanto, un gran símbolo, algo con lo que identificarse que exige una implicación afectiva. Sin esa tensión emocional la competición deportiva perdería mucho de su interés.

El deporte implica sobre todo una "búsqueda de la importancia de las emociones".

5.4. EL DEPORTE COMO MEDIO PARA TRANSMITIR VALORES

¿El deporte es promotor o controlador de la violencia? Porque hemos de admitir que existe muy frecuentemente violencia de los aficionados y también violencia por parte de los jugadores por lo que la intervención del entrenador será fundamental. Sobre todo, desde una conducta proactiva.

Los acontecimientos deportivos no ocurren en vacíos sociales. El deporte puede ser, mal orientado y ejecutado, promotor de la violencia en la sociedad. El deporte es, sin duda, moderador de la agresividad y la violencia. Por ello hay que actuar, hay que influir de una manera proactiva, con educación y formación adecuada.

El entrenador es, necesariamente, enlace entre el equipo y el resto de la organización, por lo que debe tener conocimientos sobre resolución de conflictos, habilidades de comunicación y grandes dotes de consenso.

El deporte forma una parte importante de la vida de muchas personas en la sociedad contemporánea. Las relaciones personales incluso giran muchas veces en torno al deporte. En este sentido, los medios de comunicación juegan un papel fundamental en la mejor transmisión de conductas adecuadas. Los valores tienen su origen en la sociedad a la que se pertenece y hacen de estos valores comunes, compartidos, aceptados e interiorizados. La moral es construida a partir de la interacción con el medio.

Como ya se ha ido diciendo en este texto, moral es el conjunto de comportamientos y normas que se pueden aceptar como válidos en un contexto sociocultural determinado (Sabater, 1997) y la ética es el modo de comprometer a todos en la realización de un mundo mejor (Camps, 1994).

El deporte es, entonces, un medio adecuado para transmitir valores si aporta vivencia en contexto agradable, situaciones de desarrollo moral y juego participativo. Pero si en él se generan vivencias desagradables, situaciones de desarrollo amoral y juego competitivo negativo, exagerado puede constituir un medio poco adecuado para transmitir valores.

Todo ello dependerá de la mejor actuación de los agentes que intervienen en el proceso de creación de entornos sociodeportivos adecuados (entrenadores, directivos, padres de deportistas, instituciones federativas, etc.) donde se realice de forma efectiva y constructiva un desarrollo de valores personales y sociales que aporte:

- Aceptar y respetar normas
- Ser respetuoso con los demás
- Ser tolerante, solidario y generoso
- Trabajar en equipo
- Asumir responsabilidades
- Exigente con uno mismo
- Perseverante y disciplinado
- Aprender de éxitos y fracasos

El entrenador juega aquí un liderazgo ético y moral a nivel social determinante.

5.5. POLÍTICA Y DEPORTE

En cuanto a la política deportiva referente a la defensa de los valores deportivos, existen diversas comisiones y observatorios desde donde se velan por dichos derechos.

- Observatorio del Racismo y la Violencia en el deporte (dic. 2004)
- Comisión especial de estudio para erradicar el racismo y la xenofobia del deporte español. (2005)
- UEFA. Buenas prácticas (2004)

6. LA ÉTICA DEPORTIVA Y EL DOPAJE

6.1. REGLAS Y VALORES DEL DEPORTE

Los valores del deporte no figuran en una lista oficial única. La UNESCO, en el Preámbulo de la Carta Internacional de la Educación Física y el Deporte de 1978 en el que se declara que *"la educación física y el deporte han de tender a promover los acercamientos entre los pueblos y las personas, así como la emulación desinteresada, la solidaridad y la fraternidad, el respeto y la comprensión mutuos, y el reconocimiento de la integridad y de la dignidad humanas"*, apela a una gran diversidad de valores.

En la Convención Internacional contra el Dopaje en el Deporte (2005), más reciente, se afirma que *"el deporte ha de desempeñar un papel importante en la protección de la salud, en la educación moral, cultural y física y en el fomento del entendimiento internacional y la paz"*, y se expresa preocupación por *"la utilización de sustancias dopantes en las actividades deportivas y por las consiguientes consecuencias para la salud de los deportistas, el principio del juego limpio (fairplay), la eliminación de fraudes y el futuro del deporte. [...] el dopaje es una amenaza para los principios éticos y los valores educativos consagrados en la Carta Internacional de la Educación Física y el Deporte aprobada por la UNESCO y en la Carta Olímpica"*.

En el Código Mundial Antidopaje se presenta una útil lista de valores, que no pretende ser exhaustiva (Agencia Mundial Antidopaje, 2003). En el Código se afirma la importancia central del llamado *"espíritu deportivo"* que se define como *"la celebración del espíritu humano, el cuerpo y la mente"*. A continuación, se enumera en el Código un conjunto de valores. Los tres primeros puntos de la lista merecen especial atención:

- La ética, el juego limpio y la honestidad
- La salud
- La excelencia en la actuación deportiva.

Los valores como la ética, el juego limpio y la honestidad, junto con la deportividad tienen especial significación para el deporte, probablemente como aplicación concreta al deporte de valores de un alcance general mucho más amplio. El juego limpio es algo más que la mera ausencia de trampa: significa comportarse de conformidad con los valores del deporte.

El juego limpio es un valor *regulador* en el deporte. Únicamente en el contexto del juego limpio puede desarrollarse una competición digna de ese nombre en la que sea posible convertir en realidad los valores a los que aspiran los deportistas.

Los deportes que implican grandes esfuerzos físicos, contacto corporal y velocidad conllevan grandes riesgos. La preocupación por la salud como valor se demuestra en el deporte velando por que el material deportivo sea lo más seguro posible, como los cascos protectores que se usan en el deporte, y elaborando reglas para reducir las acciones arriesgadas.

Las interacciones del deporte con la sociedad y la cultura son cada vez más complejas. Hace mucho tiempo que los medios de comunicación se ocupan de los resultados de las competiciones deportivas y la personalidad de deportistas destacados. Es más reciente que los periodistas informen habitualmente sobre otros aspectos del deporte, desde las ventajas materiales y las relaciones laborales hasta el mal comportamiento fuera del campo de juego y, en particular, el dopaje. Es difícil determinar la forma en que el público en general y los jóvenes deportistas en particular consideran las revelaciones sobre el dopaje de sus héroes deportivos.

Con objeto de entender los valores deportivos es necesario interrogarse acerca del significado social común propio del deporte. Lo que está en juego son significados y valores comunes más profundos.

La relación entre las reglas de un deporte y el valor, significado o propósito del deporte se puede concebir de dos formas. La primera concepción, que se puede llamar el punto de vista *constitutivo*, afirma que las reglas constituyen o establecen lo esencial del deporte. Las reglas son las que determinan los valores del deporte.

Las reglas de un deporte son el reflejo de una comprensión más profunda y compartida de los valores, el significado o el propósito del deporte.

Las reglas de un deporte gratifican determinadas combinaciones de aptitudes perfeccionadas mediante la dedicación y un trabajo arduo (Loland y Murray, 2007). Estas reglas establecen los tipos de atributos que pueden marcar diferencias en el resultado y las diferencias que no deben afectar la actuación de los deportistas.

La lucha contra el dopaje contribuye al mantenimiento de la ética y los valores de múltiples formas. En primer lugar, permite que los competidores se enfrenten "en pie de igualdad". Puesto que la salud es importante para el deporte, la lucha contra el dopaje aporta otra valiosa contribución al mantenimiento de esos valores.

Cuando los deportistas que quieren comportarse de manera ética, que tratan de respetar los valores inherentes al deporte se sienten defraudados sistemáticamente y ven que se frustran sus posibilidades de competir limpiamente, el deporte está en dificultades. Se debe honrar a los deportistas con principios y no negarles una honrada oportunidad.

Luchar eficazmente contra el dopaje no es en absoluto fácil y no parece ser una batalla que se pueda ganar de una vez por todas, sino que es una lucha constante por lograr una proporción adecuada de justicia y seguridad. Los deportistas deben poder competir sin sustancias que potencien el rendimiento atlético, con suficiente confianza en que se miden con sus adversarios en un pie de igualdad. Se protegería el juego limpio y la salud, y los deportistas podrían perseguir los valores a los que aspiran en la excelencia deportiva.

6.2. ÉTICA Y DOPAJE

La ética es un código de conducta que se refiere a *"intentar hacer las cosas correctas e intentar no hacer las cosas incorrectas"*. Se considera que una conducta ética tiene que ser consistente, universal, motivadora y excluyente, es decir, que, si se adopta una conducta con una persona, se debe adoptar la misma conducta con todas. Si se considera que no es ético que un deportista tome anabolizantes, eso indica que no es ético para todos los deportistas. Si se cree que una conducta no es ética, no debe llevarse a cabo. Si, por ejemplo, no es ético doparse, esto excluye algunos motivos para doparse como el deseo de ganar, el cansancio o cualquier otro motivo.

El mundo deportivo debe actuar con mucha responsabilidad ética porque el deporte se ha convertido en una de las principales actividades en las que se puede mostrar y educar en los valores y las conductas éticas y morales. El deporte realizado correctamente inculca valores como el divertirse sanamente, la responsabilidad, el trabajo en equipo, el respeto al adversario, el juego limpio, la búsqueda de la perfección. Si el deporte es íntegro y ético, ayudará a que la sociedad esté más cohesionada, educada en valores éticos, orgullosa, haga más deporte y esté mejor reconocida internacionalmente. Hoy en día, el deporte es una fuerza social, cultural y económica de gran magnitud e influencia sobre los jóvenes, por lo que la comunidad deportiva debe ser consciente de ello y poner los medios necesarios para asegurar que el deporte sea positivo, éticamente correcto y saludable.

Los intereses económicos y el dinero que ganan los deportistas son tan grandes que cada vez hay más personas que quieren ganar a cualquier precio, y ante las carencias de ideales y valores sociales, el deporte se está convirtiendo en el principal referente moral de los jóvenes que a través de él aprenden valores y conductas éticas y se convierte en una filosofía de la vida que intenta desarrollar de un modo equilibrado el cuerpo, la voluntad y el espíritu. Mediante el deporte, los jóvenes aprenden a saber ganar, perder, tener coraje, ser leales e intentar superarse ante la adversidad. Este aprendizaje tendrá influencia a lo largo de su vida. Por ello es tan importante insistir sobre los aspectos éticos del deporte.

Pero el deporte sólo será éticamente aceptable si:

    1) respeta a las personas,

    2) les protege para que no se dañen,

    3) desarrolla conductas éticas para el individuo y para el grupo,

    4) intenta ser justo, imparcial y equitativo,

    5) ayuda a que las personas disfruten y progresen, y

    6) respeta las instituciones deportivas.

Cuando se intenta ganar, pero respetando las reglas, sin hacer trampas, ni teniendo malas conductas. Cuando se respeta a los adversarios, sin insultarles, ni agredirles, celebrando las victorias con humildad, sin humillar a los vencidos, asumiendo las derrotas con deportividad y dignidad. Cuando se salvaguarda la salud de sí mismo y de los rivales. Cuando se anima a los compañeros de equipo y se les reprende correctamente cuando llevan a cabo conductas no éticas. Cuando se respetan las reglas y el espíritu del deporte y cuando se educa sobre las reglas antidopaje. Cuando los jueces no son justos a sabiendas, los jugadores hacen trampas en el juego, los deportistas compran anabolizantes por internet, los padres de los deportistas jóvenes insultan al árbitro, los entrenadores tratan mal a sus deportistas, o los atletas baten sus marcas y obtienen triunfos habiéndose dopado.

Los entrenadores y las personas que rodean al joven deportista no deben inculcar al deportista la idea de que la victoria en el deporte es un fin en sí mismo, sino que deberían tener siempre en cuenta que el principal fin del deporte es ensalzar el espíritu, el cuerpo y la mente humana, ayudando a la persona a desarrollarse armónicamente. Aunque este desarrollo armónico es difícil de definir, se puede hablar de seis aspectos que hay que tener en cuenta en el desarrollo armónico de un joven:

1. Espiritual (ser capaz de interiorizar lo que uno es y en lo que uno cree),

2. Físico (mejorar su condición física, tener unos hábitos saludables de vida, saber alimentarse adecuadamente),

3. Intelectual (aumentar su conocimiento y su educación, prepararse para trabajar),

4. Cultural (conocer y respetar otros pueblos, otras ideas, tradiciones y culturas),

5. Emocional (saber relacionarse con los demás, educarle en el amor y la generosidad), y

6. Responsable (tomando decisiones elegidas por voluntad propia, con criterios éticos, asumiendo la responsabilidad de sus actos). Además, es bueno que el deportista tenga siempre presente sus aspiraciones a largo plazo y no ofuscarse exclusivamente en lo que quiere conseguir a corto y medio plazo.

Si se le entrena así, las victorias serán más completas y serenas y las derrotas tendrán también un sentido porque ayudarán a crecer. Fomentar las conductas y valores éticos debe ser algo dinámico que requiere un seguimiento estricto, un análisis y diferentes estrategias.

El Centro Canadiense para la Ética en el Deporte considera que algunas de las estrategias que se pueden llevar a cabo para mejorar la ética deportiva son las siguientes:

1) Crear códigos y compromisos éticos de conducta para deportistas, entrenadores y personal de apoyo,

2) Enseñarles a respetar los derechos humanos, como la no explotación, el respeto de la dignidad de las personas o el derecho a la privacidad,

3) Responsabilizarles de cuidarse de sí mismo y de ayudar a los demás,

4) Enseñarles a intentar hacer las cosas correctamente,

5) Enseñarles a fomentar el juego limpio, la igualdad de género, la integración de los discapacitados, el multiculturalismo, evitando y luchando contra la discriminación, la violencia, el acoso físico o psíquico y el racismo,

6) Mejorar la transparencia de funcionamiento y presupuestaria de las instituciones deportivas,

7) Mejorar el seguimiento, la formación y la tecnificación de los deportistas de alto nivel, de sus entrenadores y de su entorno, como mejor alternativa para luchar contra el dopaje, y

8) Fomentar un mundo libre de drogas, luchando contra el dopaje. Porque el dopaje va en contra del espíritu del deporte, erosiona la confianza del público, es un mal ejemplo para los jóvenes y pone en peligro la salud y el bienestar del deportista. Permitir el dopaje significa negar los valores positivos del deporte.

El dopaje no es ético, lesiona la imagen, la integridad y la finalidad del deporte, puede ser muy peligroso para la salud del deportista, en algunos casos se acompaña de una mejora artificial y tramposa de la marca deportiva, no es justo, y para proteger a los derechos de los deportistas que no se dopan. El dopaje altera el equilibrio físico del organismo y anula varios mecanismos de defensa que tiene el organismo para protegerse de los esfuerzos excesivos (ejemplo: sensación de fatiga, disminución de la producción de hormonas). Esta alteración da resultados a muy corto plazo, pero tiene consecuencias negativas, a veces nefastas, sobre la salud a medio y largo plazo.

6.3. DOPAJE, VALORES Y LUCHA CONTRA EL DOPAJE

Los deportistas que se dopan quebrantan el valor del juego limpio. La dinámica de la competición en el deporte, el esfuerzo por tratar constantemente de obtener una ventaja competitiva significa que los deportistas se verán impulsados a adoptar un régimen de dopaje cada vez más extremado y experimental en aras de una ventaja competitiva. Se pondrá en peligro la salud de los deportistas, de élite o aficionados, adultos o jóvenes. El significado de la búsqueda de la excelencia en el deporte se verá profundamente alterado. La excelencia dependerá no de las competencias sino de la farmacología o la ingeniería genética. Los deportistas serán instrumentos ajenos.

"Luchar eficazmente contra el dopaje no es en absoluto fácil y no parece ser una batalla que se pueda ganar de una vez por todas, sino que es una lucha constante por lograr una proporción adecuada de justicia y seguridad. Los deportistas deben poder competir sin sustancias que potencien el rendimiento atlético, con suficiente confianza en que se miden con sus adversarios en un pie de igualdad. Se protegería el juego limpio y la salud, y los deportistas podrían perseguir los valores a los que aspiran en la excelencia deportiva" (Murray, T. 2010).

7. CONTRADICCIONES EN LA ÉTICA DEPORTIVA

7.1. LOS IDEALES DE DEPORTIVIDAD Y JUEGO

El mensaje de que el deportista representa un ideal ético de lo que una persona es o puede ser está bastante extendido, pero cada vez son más las paradojas y contradicciones que nos encontramos con diversos personajes que se muestran como modelos de referencia para la vida.

Hay incompatibilidad moral entre competir bien y hacer trampas, pero cada vez más el ansia de victoria corrompe los ideales de deportividad y juego limpio. Está demostrado que existe una permanente incitación al comportamiento ilegal en la normativa, por lo que se hace necesaria la remodelación de la estructura del refuerzo de las reglas deportivas, eliminando el valor del refuerzo de la conducta de violar las normas.

Las reglas desempeñan cuatro funciones básicas:

- Nos dan una indicación de la realidad social

- Indican formas aceptables e inaceptables de conducta

- Definen el comportamiento específico a cada situación

- Proporcionan una esperanza de recompensa de cumplimiento y esperanza de castigo cuando la conducta no es correcta.

El contexto deportivo idóneo se caracteriza por la igualdad en el juego de todos los participantes. Pero el mero establecimiento de las reglas no garantiza el adecuado desarrollo de la competición en términos éticos, por lo que se requiere que lo que se pueda ganar en la violación de las reglas no compense lo que se puede perder en caso de ser sancionado.

Mientras que el sistema actual de normas de competición de muchos deportes permita una conducta ilegal que pueda convertirse en un potencial de ventaja para el transgresor, se posicionará como conducta anómala de confrontación.

Por lo tanto, parece evidente que la vía más importante y quizás la única que lleve a la solución del problema de la violencia y transgresión de normas en el deporte pasa por la educación, fundamentalmente en las edades primeras de desarrollo deportivo.

En ese sentido, el técnico deportivo tiene una enorme responsabilidad, pues son quienes establecen los objetivos para los jóvenes deportistas, y quienes dan más o menos importancia a ganar o perder, así como poder utilizar convenientemente los resultados positivos o negativos que se tengan.

La importancia exagerada concedida al triunfo a cualquier precio, el nivel de violencia permitido, los entrenadores irresponsables, los reglamentos inadecuados, la influencia de los medios de comunicación y la ausencia de valores morales, son factores determinantes en el desarrollo de una conducta deportiva inadecuada.

La importancia de las expectativas de los entrenadores sobre los deportistas sugiere algunas aportaciones significativas a los mismos en su trabajo cotidiano con sus deportistas (Gutiérrez y Estarelles, 1993):

- No realizar evidentes referencias entre sus deportistas más capaces y menos capaces.

- Ayudar a los más jóvenes en el inicio de las competiciones, enseñándoles el respeto a las normas y el sentido del deporte como generador de satisfacción.

- Evitar reconocer únicamente los resultados, prestando especial atención en el progreso y objetivos de realización técnica.

- Procurar en el entrenamiento una atmosfera de tolerancia entre personas y de igualdad entre géneros.

- Ser creativos proporcionando actividades de cooperación.

- Actuar con coherencia de comportamiento aportando un código de conducta estable y razonada.

7.2. ÉTICA DE LA COMPETICIÓN DEPORTIVA

La competición no es necesariamente negativa siempre que, sobre todo, con quien compito sea conmigo mismo. No en comparación con los demás. Me comparo conmigo mismo y fruto de esta comparación valorar el propio progreso y crecimiento.

Con esta idea de competición no preocupa el resultado sino dar lo mejor de uno mismo.

Es, pues, responsabilidad nuestra la de educar a nuestros hijos y nuestros deportistas en una competitividad sana, donde seamos capaces de premiar el esfuerzo, el buen juego y no el resultado exclusivamente.

Es cierto que el deporte consiste básicamente en competir, en enfrentarse a otros para obtener un triunfo que sólo uno puede lograr. Para competir deportivamente hay que ponerse de acuerdo en la aceptación de unas normas que hagan posible nuestro enfrentamiento. Sin esa cooperación previa la competición no puede darse.

El deporte competitivo no debe considerarse como conflicto, sino como una práctica institucionalizada regida por reglas de rivalidad amistosas, justas para todos los participantes, lo que exige una previa intención de cooperar para que se llegue a desarrollar.

7.3. HACIA UNA COMPETICIÓN DEPORTIVA ÉTICA. PRINCIPIOS ESENCIALES

Respeto a las reglas de juego, éticamente son inadmisibles las trampas. Ni siquiera la pillería, tan habitual y valorada en algunos deportes por su rentabilidad utilitaria competitiva. Engañar al árbitro mediante tretas como dejarse caer en el área fingiendo un penalti inexistente o tratar de meter un gol con la mano, no es ético nunca.

Respeto a los rivales: el valor que merecen siempre los rivales por ayudarnos a alcanzar nuestra máxima fortaleza.

Respeto a uno mismo. La honradez, la honestidad, la integridad. Ese mismo deporte competitivo ofrece una oportunidad excelente para alcanzar estos valores. Respetar al rival y a nosotros mismos en el sentido de ser más honestos se refuerzan mutuamente. El reto es trabajar con honradez, fairplay y deportividad, para mantenerlos en los momentos más difíciles. Esa es la clave de haber alcanzado el máximo nivel ético.

7.4. EL PAPEL DE LA FAMILIA

Los mejores programas sobre desarrollo ético y transmisión de valores a través del deporte dan un papel importante a las familias. Todo entrenador debe tener observación en el joven deportista y el en su familia.

Ciertos contextos familiares ejercen una excesiva presión sobre los jóvenes deportistas. Estas malas influencias familiares sobre los más pequeños son peores cuando hay éxitos tempranos.

Desde una perspectiva ética consideramos la competición deportiva debe tener siempre con deportistas menores y jóvenes una intención educativa.

Los entrenadores excelentes serán los que ayuden a hacer mejores deportistas y personas a todos independientemente de sus capacidades condicionales.

8. ÉTICA DE LA RESPONSABILIDAD EN LAS ORGANIZACIONES DEPORTIVAS

8.1. LOS VALORES COMPARTIDOS EN LA ORGANIZACIÓN

El proceso de gestión organizativo de un club o de un equipo no es sólo un proceso de tecnología social, sino que debe estar desde el comienzo inspirado en valores. Se tiene que fundamentar en valores como la transparencia, la equidad, el desarrollo sostenible y el diálogo. Así, los fines se establecen derivados del análisis sistemático de la situación social. Estos fines tienen una carga importante de valores que coinciden con las necesidades de sus integrantes. La supervivencia institucional depende del mantenimiento de los valores y de una idiosincrasia propia (Peters y Waterman, 1982).

Los valores son ideales aceptados que van a delimitar el comportamiento y la forma de realizar el trabajo para alcanzar la excelencia. Cuando la organización define sus valores, supone definir la forma de orientar su actividad, sus comportamientos y sus relaciones, dentro y fuera de la institución (Marín, 2001).

La modernización organizativa se sustenta, por ello, en determinados valores ligados a compromisos estructurales e institucionales. Estos valores tienen la función de ayudar a la gestión de los conflictos de intereses, a la vez de influir en cambios estructurales de importancia (Garzón y Garcés, 1989).

Valores compartidos como el sentido de pertenencia, identidad, ilusión, equilibrio, implicación, motivación, coherencia, que tienden a condicionar el comportamiento del grupo, y que suelen persistir durante un largo período de tiempo, aunque se produzcan cambios en la composición de dicho grupo (Peters y Waterman, 1982).

El proceso de excelencia organizativa se ha de realizar bajo el paraguas de unos valores que orienten el desarrollo y concreten las distintas actuaciones: estrategias de inclusión social, alianzas con otras instituciones y organismos, y una sociedad fuerte. Los valores se van constituyendo a través de las interacciones en el marco del proceso institucional.

Hay que diferenciar, entonces, los valores propios de la organización y los valores que se fomentan desde instancias superiores. Existen valores producidos desde las expectativas del grupo y desde la propia dinámica organizativa, por esa confluencia de intereses, necesidades, expectativas y motivaciones.

Los valores de una organización, por tanto, vienen marcados por distintas vías, en primer lugar, por la propia transformación de grupo humano, con componentes propios, endógenos, y con componentes exógenos que no dependen directamente de las acciones o virtudes de quienes lo gestionan y gobiernan, si no como consecuencia de su entorno sociodeportivo. El éxito en la transmisión de valores es fruto de un compromiso personal, sincero y sostenido que los líderes tienen con esos valores que tratan de implantar, unido a una extraordinaria perseverancia en la tarea de reforzar dichos valores (Peters y Waterman, 1982).

En ese sentido, un valor importante es el de crear una cultura deportiva sustentada en la participación activa en diversas actividades y eventos. La coherencia también es un valor fundamental. Las estrategias de los planes de desarrollo, la continuidad en la forma de gestionar, las líneas y los objetivos tienen una gran relación por coherencia y continuidad. Ésta es una de las claves de excelencia.

La creación de un sistema de valores, no obstante, tarda en configurarse. Para ello, tanto en el nivel de gobierno de la organización como en el nivel técnico se tiene que realizar, no sin esfuerzo, una mirada sobre el futuro para tratar de configurarlos sobre el momento presente. Una acertada visión implica referencia de excelencia, de eficacia y de identidad de organización, con una fuerte implicación y participación de los todos sus componentes. Para autores como Peters y Waterman (1982), el conjunto de imágenes y metáforas es lo que permite la visión y lo que marca si el camino es correcto.

La construcción del significado implica la posibilidad de situar adecuadamente las cosas, los estados y las acciones en los contextos culturales de la realidad. Los significados están en la mente, pero su origen se sitúa en la cultura, lo cual asegura su negociación y, en último término, la comunicación. Así, desde ésta perspectiva, el conocimiento y la comunicación son dos procesos inseparables con un funcionamiento interdependiente: conocer es construir significados compartidos (Barceló, 2001).

8.2. LA ÉTICA DE LA ORGANIZACIÓN

La ética de la organización se puede entender de la siguiente manera:

- El código de comportamiento, las normas y las reglas conducen a la realización de determinadas acciones.
- Promueven la unión de la empresa y sus miembros.
- Entran en vigencia por sí solas.
- Se fundamentan y acuerdan entre las partes mediando un proceso de comunicación.

Tienen por objetivo limitar las consecuencias negativas del afán de lucro en decisiones de política de organización. Ésta concepción supone que los preceptos éticos corresponden a la organización y no a la persona, y que los principios éticos en una organización pueden constituirse en preceptos éticos obligatorios para todos los miembros por igual. También, dentro de la organización deportiva y cuando se trata de acuerdos voluntarios debieran cumplirse algunos requerimientos éticos generales.

Son fundamentales en una ética organizativa los aspectos siguientes:

- la transparencia en los procesos de toma de decisiones
- las normas de decisión democrática
- la argumentación racional
- la eficiencia de la utilización de recursos
- la clara orientación de los objetivos de decisión y acción

La ética de una organización se deriva de los preceptos éticos reconocidos en general.

8.3. IMPORTANCIA DE LOS VALORES EN UNA ORGANIZACIÓN

Los valores de la organización son los pilares más importantes de cualquier organización. Con ellos en realidad se define a sí misma, porque los valores de una organización son los valores de sus miembros, y especialmente los de sus dirigentes.

Actualmente las organizaciones destacan la innovación y el medio ambiente como los valores más importantes.

- Innovación y medio ambiente son los valores corporativos más destacados.

- Cultura de la personalización comparada con el trabajo en equipo que predomina a nivel internacional.

- Calidad, innovación, satisfacción del cliente e integridad.

- Creatividad, servicio, eficacia, rapidez, espíritu emprendedor, excelencia, desarrollo personal y ambición son valores corporativos relevantes para las organizaciones.

Valores corporativos de las organizaciones deportivas

Los valores son muy importantes para una organización porque son grandes fuerzas impulsoras del cómo hacemos nuestro trabajo.

- Permiten posicionar una cultura de la organización.

- Marcan patrones para la toma de decisiones.

- Sugieren topes máximos de cumplimiento en las metas establecidas.

- Promueven un cambio de pensamiento.

- Evitan los fracasos en la implantación de estrategias dentro de la organización.

- Se lograr una baja rotación de deportistas.

- Se evitan conflictos entre el personal.

- Con ellos los integrantes de la organización de adaptan más fácilmente.

- Se logra el éxito en los procesos de mejora continua.

Valores compartidos

Son los que deben guiar la conducta cotidiana de todos en la organización para realizar la misión, la visión y la identidad. Constituyen el cimiento de la organización y generan beneficios para las personas y organización que los aplican.

Para poder establecer los valores compartidos es muy importante el trabajo en equipo y especificar:

- Los valores que tiene la organización.

- Los valores que no tiene la organización y necesita tener.

- Identificar y eliminar los antivalores de la organización.

Importancia de los valores compartidos

- Con ellos es más fácil organizarse.

- Orientan la visión estratégica y aumentan el compromiso profesional.

- Son una herramienta que permite identificar, promover y legitimar el tipo de cambio organizacional, que ayudará a implementar una dirección estratégica de la organización.

- Ayuda a lograr y fortalecer el pensamiento estratégico en los líderes.

- Promueven el aprendizaje continuo y el compromiso de los miembros de la organización.

Una vez que se han definido los valores de una organización es importante entender que:

a) Forman parte de una decisión estratégica a largo plazo.

b) Son factores que definirán la manera de cómo debe vivir la organización.

c) La voluntad y perseverancia siempre serán necesarios para ponerlos en acción.

9. CÓDIGOS ÉTICOS DE INSTITUCIONES DEPORTIVAS Y SOCIALES

9.1 CÓDIGO DE ÉTICA DEPORTIVA DEL CONSEJO SUPERIOR DE DEPORTES

El Código de Ética Deportiva del Consejo Superior de Deportes "establece un marco de referencia en el que desarrollar el derecho al deporte que recoge el artículo 43 de la constitución". Pretende esencialmente "promocionar la deportividad entre la juventud, estando dirigido del mismo modo a las instituciones deportivas que ejercen una influencia directa e indirecta en el compromiso y la participación en el deporte, de la ciudadanía en general y de la juventud en particular, y a quienes compete la responsabilidad de promocionar y garantizar el respeto al buen hacer y la deportividad".

El Código reconoce que "todas las entidades deportivas o personas que, de forma directa o indirecta, estén relacionados con la actividad deportiva, deben conceder una prioridad absoluta a la deportividad, tratando de preserva y fomentar los valores deportivos más esenciales a través de la adopción del compromiso individual y colectivo como distinción que debe significar su actitud ante el deporte".

Todo ello, solo puede ser posible "con el compromiso de las administraciones deportivas, las organizaciones vinculadas con el deporte, y las personas, específicamente deportistas, padres y madres, personal educativo, equipo técnico, arbitral, directivo y en general con quien asista a una competición deportiva en su condición de público".

9.2. PRINCIPIOS FUNDAMENTALES DEL OLIMPISMO

1. El Olimpismo es una filosofía de vida, que exalta y combina en un conjunto armónico las cualidades del cuerpo, la voluntad y el espíritu. Al asociar el deporte con la cultura y la educación, el Olimpismo se propone crear un estilo de vida basado en la alegría del esfuerzo, el valor educativo del buen ejemplo, la responsabilidad social y el respeto por los principios éticos fundamentales universales.

2. El objetivo del Olimpismo es poner siempre el deporte al servicio del desarrollo armónico del ser humano con el fin de favorecer el establecimiento de una sociedad pacífica y comprometida con el mantenimiento de la dignidad humana.

3. El Movimiento Olímpico es la acción concertada, organizada, universal y permanente que se ejerce bajo la autoridad suprema del COI sobre todas las personas y entidades inspiradas por los valores del Olimpismo. Se extiende a los cinco continentes y alcanza su punto culminante en la reunión de los atletas del mundo en el gran festival del deporte que son los Juegos Olímpicos. Su símbolo está constituido por los cinco anillos entrelazados.

4. La práctica deportiva es un derecho humano. Toda persona debe tener la posibilidad de practicar deporte sin discriminación de ningún tipo y dentro del espíritu olímpico, que exige comprensión mutua, espíritu de amistad, solidaridad y juego limpio.

5. Como el deporte es una actividad que forma parte de la sociedad, las organizaciones deportivas en el seno del Movimiento Olímpico tendrán los derechos y obligaciones de autonomía, que consisten en controlar y establecer libremente las normas del deporte, determinar la estructura y gobernanza de sus organizaciones, disfrutar del derecho a elecciones libres de toda influencia externa y la responsabilidad de garantizar la aplicación de los principios de buena gobernanza

6. El disfrute de los derechos y libertades establecidos en esta Carta Olímpica debe garantizarse sin ningún tipo de discriminación, ya sea por raza, color, sexo, orientación sexual, idioma, religión, opiniones políticas o de otra índole, origen nacional o social, riqueza, nacimiento u otra condición.

7. La pertenencia al Movimiento Olímpico exige ajustarse a la Carta Olímpica y contar con el reconocimiento del COI.

9.3. CARTA EUROPEA DEL DEPORTE

Para la promoción del deporte como factor importante del desarrollo humano, los gobiernos adoptarán las medidas necesarias para que surtan efecto las disposiciones de la presente Carta, de acuerdo con los principios enunciados en el Código de ética deportiva, con los fines siguientes:

Dar a cada persona la posibilidad de practicar el deporte, concretamente:

a) garantizando a todos los jóvenes la posibilidad de beneficiarse de programas de educación física para desarrollar aptitudes deportivas básicas;

b) concediendo a todos, la posibilidad de practicar el deporte y de participar en actividades físicas recreativas en un entorno sano y seguro; en colaboración con los organismos deportivos competentes;

c) garantizando a cada uno, si así lo desea y posee la capacidad necesaria, la posibilidad de mejorar su nivel de rendimiento y de realizar su potencial de desarrollo personal, o de alcanzar niveles de excelencia públicamente reconocidos, o ambos objetivos simultáneamente;

Salvaguardar y desarrollar los fundamentos morales y éticos del deporte, así como la dignidad humana y la seguridad de los participantes en las competiciones deportivas, protegiendo el deporte y a los deportistas contra cualquier explotación efectuada con fines políticos, comerciales o financieros, así como contra las prácticas abusivas y envilecedoras, incluido el abuso de drogas.

9.4. UNESCO. CARTA INTERNACIONAL DE LA EDUCACIÓN FÍSICA Y EL DEPORTE 1978

Proclama la presente Carta Internacional, a fin de poner el desarrollo de la educación física y el deporte al servicio del progreso humano, favorecer su desarrollo y exhortar a los gobiernos, las organizaciones no gubernamentales competentes, los educadores, las familias y los propios individuos a inspirarse en ella, difundirla y ponerla en práctica.

Artículo 7: La salvaguardia de los valores éticos y morales de la educación física y el deporte debe ser una preocupación permanente para todos.

7.1 -El deporte de alto nivel y el practicado por todos deberán ser protegidos contra cualquier desviación. Las serias amenazas para sus valores morales, su imagen y su prestigio que representan ciertos fenómenos como la violencia, el dopaje y los excesos comerciales deforman su naturaleza misma y alteran su función educativa y sanitaria. Los poderes públicos, las asociaciones deportivas voluntarias, las organizaciones no gubernamentales especializadas, el Movimiento Olímpico, los educadores, los padres, los clubs de aficionados, los entrenadores, los dirigentes deportivos y los propios atletas deben aunar sus esfuerzos para erradicar estas lacras. Los medios de comunicación deben cumplir un papel particular, de conformidad con el Artículo 8, en el apoyo y la difusión de esos esfuerzos.

7.2 -En los programas de enseñanza deberá reservarse un lugar importante a las actividades educativas basadas en los valores del deporte y las consecuencias de las interacciones entre el deporte, la sociedad y la cultura.

7.3 -Es importante que las autoridades y cuantos practican el deporte sean conscientes de los riesgos que representan para los deportistas, en particular los niños, el entrenamiento precoz y abusivo y las presiones psicológicas de todo tipo.

7.4 -No deben escatimarse los esfuerzos para poner de relieve las consecuencias nefastas del dopaje, a la vez nocivo para la salud y contrario a la moral deportiva, ni para proteger la salud física y mental de los atletas, los valores de la deportividad y la competición, la integridad de la comunidad deportiva y los derechos de quienes participan en ella en cualquier nivel. Es esencial que la lucha contra el dopaje movilice a las diversas autoridades nacionales e internacionales, los padres, los educadores, los profesionales de la salud, los medios de comunicación, los entrenadores, los dirigentes deportivos y los propios atletas para que observen los principios contenidos en los textos existentes, en particular la Carta Olímpica Internacional contra el Dopaje en el Deporte. A este respecto, en la elaboración y aplicación de las medidas contra el dopaje y en las actividades educativas que deberán realizarse en este sentido, todos ellos deberán regirse por una política armonizada y concertada.

9.5. COMISIÓN ESTATAL CONTRA LA VIOLENCIA, EL RACISMO, LA XENOFOBIA Y LA INTOLERANCIA EN EL DEPORTE.

Real Decreto 748/2008, de 9 de mayo 2008.

Artículo 1. Objeto.

El presente real decreto tiene como objeto regular la composición, funciones y régimen de funcionamiento de la Comisión Estatal contra la Violencia, el Racismo, la Xenofobia y la Intolerancia en el Deporte, en desarrollo del artículo 20 de la Ley 19/2007, de 11 de julio, contra la violencia, el racismo, la xenofobia y la intolerancia en el deporte.

Artículo 2. Naturaleza y adscripción.

1. La Comisión es un órgano colegiado encargado de la formulación y realización de políticas activas contra la violencia, el racismo, la xenofobia y la intolerancia en el deporte.

2. La Comisión se adscribe orgánicamente al Ministerio de Educación, Política Social y Deporte, a través del Consejo Superior de Deportes, y en el ejercicio de sus competencias actúa por iniciativa propia o a requerimiento del Consejo Superior de Deportes o del Ministerio del Interior.

Artículo 3. Funciones.

1. Realizar recomendaciones a las Administraciones competentes sobre las condiciones de seguridad de los espacios que se habiliten para la visualización pública de acontecimientos deportivos, así como respecto de las medidas a adoptar para prevenir en los mismos conductas violentas, racistas, xenófobas e intolerantes.

2. La Comisión ejercerá igualmente todas aquellas funciones que se refieran a materias objeto de regulación por la Ley 19/2007, de 11 de julio, y no correspondan a otro órgano o entidad, así como todas aquellas que se le atribuyan legal o reglamentariamente.

Artículo 4. Organización interna.

Son órganos de la Comisión:

a) La Presidencia.

b) La Vicepresidencia.

c) El Pleno.

d) La Comisión Permanente.

e) Los Grupos de trabajo.

f) La Secretaría.

Artículo 5. Presidencia y Vicepresidencia.

1. La Presidencia y la Vicepresidencia de la Comisión serán desempeñadas, alternativamente y por iguales períodos de tiempo, por quienes designen los Ministros de Educación, Política Social y Deporte y del Interior de entre los miembros que integran su respectiva representación.

2. Corresponde a la Presidencia:

a) Ostentar la representación de la Comisión.

b) Acordar la convocatoria de las sesiones ordinarias y extraordinarias y la fijación del orden del día, teniendo en cuenta, en su caso, las peticiones de los demás miembros formuladas con la suficiente antelación.

c) Presidir las sesiones, moderar el desarrollo de los debates y suspenderlos por causas justificadas.

d) Dirimir con su voto los empates, a efectos de adoptar acuerdos.

e) Visar las actas y certificaciones de los acuerdos del órgano, así como las propuestas de sanción aprobadas por la Comisión Permanente.

f) Ejercer cuantas otras funciones sean inherentes a su condición de Presidente de la Comisión.

3. En caso de ausencia, vacante, enfermedad u otra causa legal, las funciones de la Presidencia serán desempeñadas por la Vicepresidencia.

Artículo 6. Secretaría.

1. La Secretaría de la Comisión será desempeñada por un funcionario en activo del Consejo Superior de Deportes, designado por la Presidencia del mismo.

2. La Secretaría ostenta las siguientes funciones:

a) Efectuar la convocatoria de las sesiones del órgano por orden de su Presidente, o por requerimiento escrito de al menos la mitad de sus miembros, así como las citaciones a los miembros del mismo.

b) Recibir los actos de comunicación de los miembros con el órgano y, por tanto, las notificaciones, peticiones de datos, rectificaciones o cualquiera otra clase de escritos de los que deba tener conocimiento.

c) Preparar el despacho de los asuntos, redactar y autorizar las actas de las sesiones.

d) Expedir certificaciones de las consultas, dictámenes y acuerdos aprobados.

e) Cuantas otras funciones sean inherentes a su condición de Secretario.

3. El Secretario de la Comisión asistirá a las reuniones con voz, pero sin voto, salvo que sea designado miembro de pleno derecho conforme a lo previsto en el artículo 4.1 del presente real decreto, en cuyo caso participará en las sesiones con voz y voto.

4. En caso de ausencia, vacante, enfermedad o cualquier otra causa legal, la Secretaría será ocupada por la persona que designe la Presidencia que asimismo deberá ser funcionario en activo del CSD.

Artículo 7. El Pleno.

1. El Pleno es el órgano que incluye representantes de los sectores implicados en la prevención de la violencia, el racismo, la xenofobia y la intolerancia en el deporte, y al mismo le corresponden las funciones de planificación, supervisión y aprobación de la labor desarrollada por la Comisión y todos sus órganos.

2. El Pleno se compone de treinta y tres miembros, designados de la forma siguiente:

a) Cuatro por el Ministro de Educación, Política Social y Deporte.

b) Cuatro por el Ministro del Interior.

c) Uno por el Ministro de Trabajo e Inmigración.

d) Uno por el Ministro de Sanidad y Consumo.

e) Un miembro de la carrera Fiscal, designado por el Fiscal General del Estado.

f) Tres por el Presidente del Consejo Superior de Deportes, en representación de las comunidades autónomas, de entre los propuestos por las mismas.

g) Tres por el Presidente del Consejo Superior de Deportes, en representación de las corporaciones locales, a propuesta de la Asociación de Entidades Locales de ámbito estatal con mayor implantación.

h) Tres por el Presidente del Consejo Superior de Deportes, dos de ellos de entre los propuestos por las Federaciones Deportivas Españolas de Fútbol y Baloncesto, respectivamente, y otro miembro a propuesta del resto de las Federaciones deportivas españolas.

i) Dos por el Presidente del Consejo Superior de Deportes a propuesta de cada una de las ligas profesionales.

j) Dos por el Presidente del Consejo Superior de Deportes a propuesta de las Asociaciones de deportistas donde exista competición profesional.

k) Tres por el Ministro del Interior entre personas de reconocido prestigio en el ámbito de las competencias de la Comisión.

l) Tres por el Presidente del Consejo Superior de Deportes de entre personas de reconocido prestigio en el ámbito de las competencias de la Comisión, entre los que se incluirán un representante de la Asociación de Prensa Deportiva y un representante de los colectivos arbitrales en que haya competición profesional.

m) Tres por el Presidente del Consejo Superior de Deportes de entre personas de reconocido prestigio en el ámbito de competencias de la Comisión, de entre miembros de asociaciones de aficionados u organizaciones no gubernamentales entre cuyos fines esté la lucha contra la violencia, el racismo y la intolerancia, así como la defensa de los valores éticos que encarna el deporte, a propuesta del Observatorio de la Violencia, el Racismo, la Xenofobia y la Intolerancia en el Deporte.

3. La duración del mandato de cada miembro de la Comisión será de cuatro años. Transcurrido este tiempo, se procederá a una nueva designación, pudiendo ser renovado su mandato por sucesivos períodos de igual duración. Las vacantes que se produzcan serán cubiertas por el mismo procedimiento que para la designación inicial.

4. Corresponden al Pleno las funciones que la Ley 19/2007, de 11 de julio, atribuye a la Comisión, y que el presente real decreto no encomienda expresamente a otros órganos de la misma.

5. El Pleno se reunirá en sesión ordinaria al menos una vez al año, y con carácter extraordinario, cuando lo convoque la Presidencia o por requerimiento escrito de al menos la mitad de sus miembros.

6. Para la válida constitución del Pleno se exige la asistencia del Presidente o Vicepresidente y de al menos la mitad de sus miembros en primera convocatoria. En segunda convocatoria, será suficiente la asistencia de un tercio de sus miembros.

7. El Pleno aprobará la Memoria Anual de la Comisión.

Artículo 8. La Comisión Permanente.

1. La Comisión Permanente es un órgano ejecutivo del Pleno que actúa por delegación del mismo.

2. La Comisión Permanente está compuesta por:

a) Dos funcionarios designados en representación del Consejo Superior de Deportes, una de las cuales desempeñará el Secretariado de la Comisión.

b) Dos funcionarios designados en representación del Ministerio del Interior.

c) Dos funcionarios designados en representación de la Secretaría de Estado de Seguridad, entre miembros del Cuerpo Nacional de Policía y de la Guardia Civil, respectivamente.

d) Una persona en representación de la Real Federación Española de Fútbol.

e) Dos personas en representación, respectivamente, de las Ligas profesionales de fútbol y baloncesto.

f) Una persona en representación de las Comunidades Autónomas.

g) Un miembro de la carrera Fiscal, designado por el Fiscal General del Estado.

Todos estos miembros tendrán voz y voto en las reuniones de la Comisión Permanente.

La Presidencia de la Comisión Permanente será desempeñada por quien designe el Presidente de la Comisión, de entre los miembros designados en las letras a) y b) de este precepto.

3. La Comisión Permanente ajustará su funcionamiento a las siguientes reglas:

a) La Comisión Permanente se reunirá en sesión ordinaria con la periodicidad que señale la Presidencia, pudiendo fijarse una convocatoria unitaria para todas las sesiones sin necesidad de remitir a los miembros la convocatoria de cada sesión ordinaria.

b) La Comisión Permanente se reunirá en sesión extraordinaria cuando la convoque la Presidencia o por requerimiento de al menos la mitad de sus miembros.

c) Para la válida constitución de la Comisión Permanente bastará con la asistencia de la Presidencia o Vicepresidencia y de un tercio de sus miembros.

4. La Comisión Permanente desempeña las siguientes funciones:

a) Formular propuestas de incoación de expedientes sancionadores por actuaciones susceptibles de calificarse como infracción con arreglo al título II de la Ley 19/2007, de 11 de julio, tanto por hechos de los que la Comisión tenga noticia como por hechos puestos en conocimiento de la Comisión por particulares u otros órganos.

b) Declarar los encuentros de alto riesgo, conforme a lo dispuesto en el artículo 10.2 de la Ley 19/2007, de 11 de julio.

c) Interponer recursos ante el Comité Español de Disciplina Deportiva contra los actos dictados en cualquier instancia por las federaciones deportivas en la aplicación del régimen disciplinario previsto en el título III de la Ley 19/2007, de 11 de julio, cuando estime que no se ajustan al régimen de sanciones establecido.

d) Asistir a la Comisión en el cumplimiento de sus tareas.

e) Realizar el seguimiento ordinario de las funciones encomendadas a la Comisión.

f) Velar por el cumplimiento de los acuerdos adoptados por el Pleno.

g) Proponer al Pleno los estudios, acciones y medidas que estime convenientes para el cumplimiento de los fines de la Comisión, así como elaborar los borradores de informes y propuestas que deban ser sometidos a la aprobación del Pleno.

h) Emitir los informes que soliciten la Presidencia o el Pleno de la Comisión.

i) Cuantos cometidos le sean delegados o asignados por el Pleno o por su Presidente.

5. La Comisión Permanente dará cuenta al Pleno de las actuaciones que realice en el ejercicio de sus funciones.

Artículo 9. Los Grupos de trabajo.

1. El Pleno de la Comisión podrá acordar la creación de Grupos de trabajo, con carácter permanente o para cuestiones puntuales.

2. El acuerdo de creación de cada Grupo de Trabajo deberá especificar su composición, las funciones que se le encomiendan y, en su caso, el plazo para su consecución. Cada Grupo de trabajo contará con al menos un representante de la Administración del Estado.

Artículo 10. Reglas generales de funcionamiento.

En lo no previsto expresamente en el presente real decreto, la Comisión se ajustará a lo dispuesto en el capítulo II del título II de la Ley 30/1992, de 26 de noviembre, de Régimen Jurídico de las Administraciones Públicas y del Procedimiento Administrativo Común.

Disposición adicional primera. Reuniones de la Comisión por medios electrónicos.

1. Conforme a lo previsto en la disposición adicional primera de la Ley 11/2007, de 22 de junio, de acceso electrónico de los ciudadanos a los servicios públicos, los órganos de la Comisión podrán constituirse y adoptar acuerdos por medios electrónicos.

2. La celebración de reuniones de órganos de la Comisión por medios electrónicos podrá acordarse por la Presidencia para todos los órganos de la misma o únicamente para alguno de ellos, y para todas las sesiones ordinarias y extraordinarias o solo para sesiones puntuales. Dicho acuerdo, que será notificado a los miembros de la Comisión, especificará:

a) El medio electrónico por el que se celebrará la reunión.

b) El medio electrónico por el que se remitirá la convocatoria, salvo en el caso de las sesiones ordinarias de la Comisión Permanente que no precisen convocatoria formal por celebrarse periódicamente.

c) El medio electrónico por el que se podrá consultar la documentación relativa a los puntos del orden del día y el tiempo durante el que estará disponible la información.

d) El modo de participar en los debates y deliberaciones y el período de tiempo durante el que tendrán lugar.

e) El medio de emisión del voto y el período de tiempo durante el que se podrá votar.

f) El medio de difusión de las actas de las sesiones y el período durante el que se podrán consultar.

3. El acuerdo podrá establecer que la sesión se celebre mediante videoconferencia y el resto de trámites por otros medios electrónicos, en cuyo caso se aplicarán las siguientes especialidades:

a) La convocatoria del órgano y el suministro de la documentación tendrán lugar conforme a lo dispuesto en el apartado anterior.

b) La sesión se celebrará mediante videoconferencia a través de cualquier sistema electrónico que lo permita, en entornos cerrados de comunicación.

c) Las votaciones podrán tener lugar por mera expresión verbal del sentido del voto; tratándose de votaciones secretas, habrán de realizarse por sistemas electrónicos que garanticen la identidad del emisor y la confidencialidad de su voto.

d) El acta se confeccionará por medios electrónicos, pudiendo limitarse a la expresión escrita de los acuerdos y al archivo en soporte electrónico de la videoconferencia.

4. Previamente a la adopción del acuerdo indicado en los apartados anteriores se articulará técnicamente el soporte y la aplicación informática que permitan la celebración de las reuniones por medios electrónicos, que reunirá a las siguientes características:

a) El sistema garantizará la seguridad, integridad, confidencialidad y autenticidad de la información, a cuyo fin se pondrá a servicio de los miembros del órgano un servicio electrónico de acceso restringido.

b) Para los accesos de los miembros de la Comisión a la sede electrónica donde tenga lugar la reunión se utilizará uno de los sistemas de identificación electrónica que permite emplear la Ley 11/2007, de 21 de junio; cuando consista en un certificado que deba incorporarse a un soporte electrónico, la Presidencia facilitará dicho soporte a los miembros de la Comisión que carezcan del mismo.

c) El sistema organizará la información en niveles de acceso cuando ello sea preciso.

d) El sistema articulará un medio para incorporar a las actas de las sesiones la constancia de las comunicaciones producidas.

9.6. CÓDIGO MUNDIAL ANTIDOPAJE Y PROGRAMA MUNDIAL ANTIDOPAJE

En el Código Mundial Antidopaje se presenta una útil lista de valores, que no pretende ser exhaustiva (Agencia Mundial Antidopaje, 2003). En el Código se afirma la importancia central del llamado "espíritu deportivo" que se define como "la celebración del espíritu humano, el cuerpo y la mente". A continuación, se enumera en el Código un conjunto de valores. Los tres primeros puntos de la lista merecen especial atención:

- la ética, el juego limpio y la honestidad
- la salud
- la excelencia en la actuación deportiva.

Los valores como la ética, el juego limpio y la honestidad, junto con la deportividad tienen especial significación para el deporte como aplicación concreta al deporte de valores de un alcance general mucho más amplio. El juego limpio puede considerarse la aplicación concreta en el deporte de la voluntad de justicia y la imparcialidad. El juego limpio significa comportarse de conformidad con los valores del deporte.

El juego limpio es un valor regulador en el deporte. Únicamente en el contexto del juego limpio puede desarrollarse una competición digna en la que sea posible convertir en realidad los valores a los que aspiran los deportistas. En los debates sobre el dopaje y la utilización de sustancias y métodos que mejoran el rendimiento en el deporte, los deportistas suelen utilizar la expresión "en pie de igualdad" para referirse a una competición deportiva que no se incline en favor de los que utilizan sustancias dopantes.

Los propósitos del Código Mundial Antidopaje y del Programa Mundial Antidopaje en el que se enmarca son:

- Proteger el derecho fundamental de los deportistas a participar en actividades deportivas libres de dopaje, fomentar la salud y garantizar de esta forma la equidad y la igualdad en el deporte para todos los deportistas del mundo;
- Velar por la armonización, la coordinación y la eficacia de los programas contra el dopaje a nivel internacional y nacional con respecto a la detección, disuasión y prevención del dopaje. El Código El Código es el documento fundamental y universal en el que se basa el Programa Mundial Antidopaje en el deporte. El propósito del Código es promover la lucha contra el dopaje mediante la armonización universal de los principales elementos relacionados con la lucha antidopaje. El Código es lo suficientemente preciso para lograr una armonización completa sobre cuestiones en las que se requiere uniformidad, aunque lo bastante general en otras áreas para permitir una cierta flexibilidad en lo que respecta a la forma en que se aplican los principios antidopaje admitidos.

Por su parte, el Programa Mundial Antidopaje abarca todos los elementos necesarios para lograr una armonización óptima de los programas y de las buenas prácticas contra el dopaje a nivel nacional e internacional. Sus elementos principales son los siguientes:

- Nivel 1: El Código
- Nivel 2: Las normas internacionales
- Nivel 3: Los modelos de buenas prácticas y directrices

Las normas internacionales para las distintas áreas técnicas y operativas dentro del Programa Mundial Antidopaje se desarrollarán mediante consultas con los signatarios y los gobiernos, y serán aprobados por la AMA. El propósito de estas normas es lograr una armonización entre las organizaciones antidopaje responsables de las partes técnicas y operativas específicas de los programas antidopaje. El respeto de las normas internacionales es obligatorio para la observancia del Código. El Comité Ejecutivo de la AMA podrá revisar en su momento las normas internacionales tras consultar de forma adecuada a los signatarios y a los gobiernos. Salvo que se disponga de otra forma en el Código, las normas internacionales y cualquier actualización entrarán en vigor en la fecha indicada en las normas internacionales o en la actualización.

Fundamentos del código mundial antidopaje

Los programas antidopaje pretenden proteger lo intrínsecamente valioso del deporte. Este valor intrínseco se denomina a menudo "espíritu deportivo", es la esencia misma del olimpismo, es el juego limpio. El espíritu deportivo es la celebración del espíritu humano, el cuerpo y la mente, y se caracteriza por los valores siguientes:

- Ética, juego limpio y honestidad
- Salud
- Excelencia en el rendimiento
- Carácter y educación
- Alegría y diversión
- Trabajo en equipo
- Dedicación y compromiso
- Respeto de las normas y de las leyes
- Respeto hacia uno mismo y hacia los otros Participantes
- Valor
- Espíritu de grupo y solidaridad

El dopaje es contrario a la esencia misma del espíritu del deporte. Para poder luchar contra el dopaje fomentando el espíritu deportivo, el Código exige que cada organización antidopaje desarrolle y ponga en marcha programas educativos para los deportistas, incluidos los jóvenes, y el personal de apoyo a los deportistas.

9.7. CÓDIGO DE ÉTICA DE LA FIFA

1. Ámbito de aplicación material

    1. El presente código se aplicará a aquellas conductas —que no estén reguladas específicamente en otros reglamentos y que no estén relacionadas con el terreno de juego— que perjudiquen la integridad y reputación del fútbol, particularmente cuando se trate de un comportamiento ilegal, inmoral o carente de principios éticos que se corresponda con lo estipulado en el art. 2 de este código.
    2. Las confederaciones y federaciones miembro deberán incorporar las normas de conducta definidas en la parte II, sección 5 del presente código (arts. 13-29) a sus respectivos reglamentos en vigor, a menos que dicho sistema sancionador ya esté incluido dentro de sus respectivos reglamentos actualmente vigentes. Los principios del sistema sancionador a los que se hace referencia en la parte II, sección 5 del presente Código (arts. 13-29), se utilizarán como guía de requisitos mínimos por las confederaciones y las asociaciones miembro.

2 Ámbito de aplicación personal

    1. El presente código se aplicará a todos los oficiales y jugadores, así como a los agentes organizadores de partidos y a los intermediarios, según las condiciones que fija el art. 1 del mismo.
    2. La Comisión de Ética está facultada para investigar y juzgar la conducta de las personas sujetas a este u otro código vigente en el momento en que se produjo, al margen de si la persona siga estando sujeta al Código cuando se inicie el procedimiento o con posterioridad a este momento.

3 Ámbito de aplicación temporal

    El presente código se aplica con independencia del momento en el cual se produjo la conducta, incluso si fue antes de la publicación del mismo. Una persona podrá ser sancionada por incumplir el presente código solo si la conducta pertinente ha contravenido el código aplicable en el momento en el que se ha producido. La sanción no podrá exceder la sanción máxima prevista según el código aplicable en ese momento.

4 Ámbito del código, lagunas legales, costumbre, doctrina y jurisprudencia

1. El presente código rige todas las materias contenidas en la letra o en el espíritu de las disposiciones que lo conforman.
2. Si hubiere lagunas legales con respecto a las normas procedimentales, y en caso de que se planteen dudas sobre la interpretación del código, la Comisión de Ética decidirá de acuerdo con la costumbre de la FIFA.
3. En el contexto general de su actividad, la Comisión de Ética podrá recurrir a los precedentes y principios establecidos en la doctrina y jurisprudencia deportiva.

9.8. EJEMPLOS DE CÓDIGOS ÉTICOS: DE NACIÓN, DE CLUB, DE FUNDACIÓN

9.8.1. Código de Conducta deportiva del Sistema Nacional de Cultura Física y Deporte. Gobierno de México

Código de Conducta para dirigentes, entrenadores, deportistas y entes de promoción deportiva del Sistema Nacional de Cultura Física y Deporte. GOBIERNO DE MEXICO.

Artículo 1. El presente código de conducta es de aplicación general y observancia obligatoria para todos los dirigentes, entrenadores, deportistas y entes de promoción deportiva que forman parte y participen a través de las instituciones y Asociaciones Deportivas Nacionales, Organismos y demás personas morales integrantes del Sistema Nacional de Cultura Física y Deporte, de conformidad con los artículos 9 y 10 de la Ley General de Cultura Física y Deporte y tendrá como objeto:

I. **Prevenir**, regular y sancionar las conductas deportivas cometidas por los dirigentes, entrenadores y deportistas en sus relaciones entre sí, y con los miembros de la comunidad deportiva general.

II. **Promover** el trato igualitario, digno cordial y tolerante, rechazando cualquier influencia de deseos, intenciones o intereses particulares de quien ejerza una posición de autoridad, sin que intervengan o influyan en alguna determinación la edad, raza color, origen, sexo estado civil credo nivel jerárquico, posición económica, lugar de nacimiento, preferencias sexuales, discapacidades o preferencias políticas.

III. **Velar** siempre por los principios de Honor y Espíritu Deportivo, dentro de un marco absoluto, respeto a los valores ético-morales en todo evento deportivo, sea cual fuere la naturaleza, así como, respetar los principios del bien común, honestidad, lealtad, equidad y eficiencia, con el objeto de hacer de la cultura física y el deporte, un instrumento o herramienta necesaria para la formación integral del individuo. Todas las personas físicas sujetas al presente Código, están obligadas adicionalmente a respetar, dentro del ámbito de la cultura física y el deporte, las disposiciones de las Leyes Mexicanas en general y en particular la Ley de Cultura Física y Deporte y su Reglamento; Reglamento del Consejo Directivo del Sistema Nacional del Deporte; los Estatutos de la Confederación Deportiva Mexicana, A.C., la Carta Olímpica, los Estatutos del Comité Olímpico Mexicano, A.C., los ordenamientos internos de la Asociación deportiva Nacional, Instituciones, Instituciones u Organismos y demás personas morales a las que pertenezcan, así como los Códigos y Reglamentos operativos y deportivos aplicables a su disciplina.

El presente Código se aplicará a todos los dirigentes, entrenadores, deportistas y entes de porción deportiva miembros del SINADE, que cometan una conducta antideportiva, ya sea dentro o fuera del territorio de los Estados Unidos Mexicanos.

9.8.2. Código ético del Getafe C.F., S.A.D.

Compromiso de la dirección del club

El presente código ético supone una formalización del espíritu de trabajo que ha imperado en el Getafe C.F.S.A.D. desde siempre; desde la contemplación rigurosa y escrupulosa de principios y procedimientos éticos y morales irrenunciables, ligados estrechamente a todos los estamentos del Club y sustentados desde la integridad profesional, empresarial e institucional, el respeto escrupuloso al ordenamiento jurídico y al desarrollo de actuaciones transparentes.

El marco y principios de conducta recogidos en el presente Código Ético no pueden ni pretenden contemplar la totalidad de situaciones o circunstancias con las que el Club y sus empleados pueden encontrarse en el día a día de su acción cotidiana. Si bien acotan y detallan normas esenciales que han de regir el comportamiento, el desarrollo de los procedimientos de trabajo y la actividad profesional desarrollada en cada ámbito de trabajo del Club.

El Club va a poner un irrenunciable empeño en dotar al presente Código ético de la relevancia en la vida de la Institución. Abogando por la transparencia y claridad, el desarrollo de valores morales incuestionables y de principios de actuación que puedan considerarse modelos del buen hacer. Para ello dedicara cuantos recursos sean necesarios para su difusión y revisión permanente, siempre alerta a las nuevas necesidades que puedan surgir en su aplicación y, en su caso, redefinición.

Aplicación del código ético

El presente Código Ético resulta de obligado cumplimiento para todos los integrantes del Club, entre los que se encuentran los empleados (tanto el personal deportivo como el personal administrativo), directivos y altos cargos, así como los abonados del Club.

Adicionalmente, cuando se establezca expresamente a través de cláusulas contractuales, el presente Código Ético también resultará de aplicación a proveedores, subcontratistas u otros colaboradores del Getafe C.F.S.A.D.

La contemplación de nuestro ordenamiento jurídico y código moral de conducta se considera irrenunciable en cada práctica desarrollada en el conjunto de las actuaciones de los diferentes ámbitos y estamentos del Club. Por ello, se considera imprescindible que cada empleado haga suyo el conjunto de normas y principios establecidos en el presente código y consulte a su inmediato superior jerárquico ante cualquier duda o incertidumbre que, para su obligado cumplimiento, puedan suscitarle determinadas situaciones y procesos de toma de decisiones.

Principios básicos del código ético

Los principios y valores que sustentan el desarrollo de la actividad del Club se asientan en el respeto a la más alta ética deportiva, la integridad, el juego limpio, el respeto a la legalidad, la transparencia y el rechazo a cualquier género de violencia, discriminación, racismo, xenofobia o intolerancia en el deporte. Estos valores conforman la base del presente Código Ético. Los empleados y profesionales del Club cumplirán escrupulosa y estrictamente la legalidad vigente en el ámbito en el que desarrollen su actividad, atendiendo al espíritu y la finalidad de lo establecido. Es importante, asimismo, apelar a la necesidad de que cada empleado, en sus respectivas áreas de actividad, yen especial los directivos de la Entidad, se esfuercen en conocer y manejar el ordenamiento jurídico básico y la reglamentación de referencia en el desarrollo deportivo, empresarial e institucional, siempre aplicables a su competencia y responsabilidad laboral y profesional. Los principios esenciales del presente Código se organizan en torno a los siguientes ámbitos:

1. Principio de la tolerancia cero con la corrupción

La corrupción es el principal obstáculo para una competencia leal, perjudicando gravemente la estabilidad económica y la igualdad de oportunidades de los empresarios en el mercado.

Por tanto, está prohibido a todas las personas asociadas al club, sea cual sea la posición que ocupen en su estructura, tratar de influir a sus socios de negocios, a través de favores, regalos u ofrecimiento de otras ventajas, en cualquier lugar del mundo. Ningún beneficio para el club puede justificar prácticas ilícitas. Esta norma afecta a cualquier persona integrada en el Getafe C.F.S.A.D., con relación laboral o mercantil.

A los directivos, técnicos y jugadores les corresponde una exigencia particular, la abstinencia de participar, directa o indirectamente, en apuestas relacionadas con el mundo del futbol, así como participar o favorecer acciones destinadas a alterar un resultado deportivo, por medios espurios, que no sean el mero resultado de la competición futbolística, basada en el esfuerzo y la inteligencia deportivas. De la misma forma, están expresamente prohibidas las donaciones de cualquier tipo a partidos políticos nacionales o extranjeros. Por último, el club se compromete a mantener una información transparente de su acción social.

2. Principio de igualdad de oportunidades, no discriminación y no acoso

El Getafe C.F.S.A.D. mantiene un firme compromiso con la igualdad de oportunidades, la tolerancia y la lucha contra al racismo.

Todas las personas asociadas deben tener muy presente el artículo 14 de la Constitución Española y evitar toda conducta discriminatoria por motivos del lugar de nacimiento, raza, sexo, religión, opinión o cualquier otra condición o circunstancia personal o social. Se prohíbe terminantemente cualquier actitud que pueda significar acoso, y muy especialmente el acoso laboral y el acoso sexual.

Se exige a todas las personas asociadas un comportamiento no ya solo ético, sino especialmente cuidadoso y respetuoso en el trato con menores de edad relacionados con el club. Esta exigencia se estima especialmente relevante en lo que atañe a las Categorías Inferiores del Club y a su Escuela de Fútbol.

3. Principio de prevención de los conflictos de intereses

Es necesario evitar los conflictos entre los intereses personales y los intereses del club. Las principales actuaciones en donde pueden surgir conflictos de intereses son:

• Contratación de personal: Los intereses individuales o las relaciones con una persona no deben influir sobre las decisiones de contratación del personal.

• Contratación con proveedores: En las relaciones comerciales con terceros, proveedores u otros socios de negocio, solo se considerarán relevantes los criterios objetivos.

• Relación jerárquica: El superior no puede abusar de su posición de autoridad, aprovechando los servicios de los empleados del Getafe C.F.S.A.D. para propósitos personales.

• Libertad de expresión: Salvo autorización expresa del Club, los empleados, cuando expresen sus opiniones personales en público, deberán hacer explícito que estas opiniones no representan al Club.

• Redes sociales: El Getafe C.F.S.A.D. no prohíbe el uso ocasional de las redes sociales para propósitos personales, si bien deberá estar sujeto siempre dicho uso a las normas del grupo y ajustado a las normas más elementales de la ética en las relaciones interpersonales e institucionales que debe presidir dicha utilización, aplicando siempre un estricto respeto a la propiedad intelectual e industrial y a la identidad del Club. Esta observación debe considerarse especialmente relevante en el uso de perfiles y redes sociales por parte de los jugadores del Club y de su Escuela de Fútbol.

4. Principio de transparencia económica y contable

Es obligación de todos los empleados y proveedores, que tengan encomendadas en cada caso responsabilidades económico-financieras y de contabilidad, contabilizar apropiadamente y emitir informes financieros transparentes; no se pueden aceptar la falsedad, la simulación ni el engaño.

Toda documentación que afecte al negocio del club debe estar debidamente archivada, ordenada y accesible. Cualquier clase de correspondencia debe comunicarse, dándole el trámite reglamentario correspondiente.

5. Principio legal de protección de datos

Las personas asociadas al Club tienen prohibido divulgar información o documentación, especialmente la relativa a datos de carácter personal registrados en soporte físico, así como facilitar el acceso de terceros a dicha información o documentación, extendiéndose dicha prohibición una vez concluida su pertenencia al Getafe C.F.S.A.D., salvo que se esté expresamente autorizado a ella.

6. Difusión del Código Ético

Se entregará una copia del Código Ético a todo directivo y empleado del Getafe C.F.S.A.D., y estos deberán firmar la aceptación de la misma, en acreditación de la entrega. La página Web institucional deberá contener un apartado específico sobre el presente Código Ético.

7. Supervisión del Código Ético.

7. 1. Órgano encargado del seguimiento y vigilancia

El Órgano Responsable de Cumplimiento del Código ético será el encargado de velar por el cumplimiento del presente Código. Implantado durante la temporada anterior, es un Órgano de cumplimiento Normativo para toda la entidad, y que se encomienda a este órgano el velar por el cumplimiento del presente Código.

Este Órgano tendrá las siguientes funciones:

• Asegurarse de que el Código Ético se establece, implementa y mantiene de forma adecuada, y supervisar su cumplimiento.

• Informar al Consejo de Administración del Club sobre la implementación de dichas normas, para su revisión, incluyendo posibles propuestas de mejora.

• Atender a las consultas formuladas por cualquier miembro del Getafe C.F.S.A.D. en relación con dichas normas.

• Promover la comunicación a todos los sujetos obligados de dichas normas del Getafe C.F.S.A.D.

• Tramitar y dirigir las investigaciones pertinentes de las denuncias recibidas a través del Canal de Denuncias.

7.2. Canal de Denuncias

Los administradores, directivos y empleados del Club que tengan conocimiento de cualquier hecho que pueda constituir un incumplimiento del presente Código tienen la obligación de comunicarlo tan pronto como sea posible al Órgano Responsable de Cumplimiento, pudiendo utilizar el buzón de denuncias que consta en la página Web del club http://www.getafecf.com/ a través de la cual se canalizarán las denuncias, o bien en el buzón físico de denuncias habilitado en la entrada de las oficinas del Club.

No cabrá ningún tipo de represalia o consecuencia negativa contra el denunciante por el hecho de la denuncia, salvo que la investigación interna determine que la denuncia es falsa o que se ha realizado con temerario desprecio hacia la verdad, mala fe o abuso de derecho.

7.3. Seguimiento y revisión del Código Ético

El Código Ético se revisará y actualizará periódicamente, atendiendo a los informes del órgano encargado y a las sugerencias y propuestas que realicen los profesionales del Club.

Cualquier revisión o actualización que suponga una modificación del Código Ético, aun cuando venga exigida por la legislación, requerirá la previa aprobación por el Consejo de Administración del Getafe C.F.S.A.D.

8. Aprobación y entrada en vigor del Código Ético

El Consejo de Administración del Getafe C.F.S.A.D. aprobó el presente Código Ético en su reunión del 6 de marzo de 2017, momento en el cual entró en vigor con efectos vinculantes para todos sus destinatarios. El Código Ético será difundido para su conocimiento por todos los empleados y directivos del Club en la página web del Getafe C.F.S.A.D.

9.8.3. Código ético y de buen gobierno de la Fundación Rafa Nadal

Aprobado por el Patronato de la Fundación Rafa Nadal en fecha 27 de junio de 2019.

I.- Introducción

La Fundación Rafa Nadal es una entidad sin ánimo de lucro que se constituyó en fecha 20 de noviembre de 2007 mediante el otorgamiento de escritura de constitución autorizada por el notario de Palma de Mallorca, Sr. Miguel Mulet Ferragut, con el número 4.063 de su protocolo. Por Orden

Ministerial de la Secretaria del Estado de Servicios Sociales, Familias y Discapacidad del Ministerio de Trabajo y Asuntos Sociales (en la actualidad Ministerio de Sanidad y Política Social), de fecha 9 de abril de 2008, fue clasificada como asistencial e inscrita en el Registro de Fundaciones Asistenciales, si bien

posteriormente, por Orden Ministerial de 11/02/2013 fue inscrita en el registro de fundaciones del Ministerio de Educación, Cultura y Deporte con el número 1.539.

II.- Visión y Misión de la Fundación Rafa Nadal

En la Fundación Rafa Nadal creemos firmemente en el poder transformador del deporte y de la educación, dos herramientas que permiten a niños, niñas y adolescentes llegar tan lejos como se propongan, independientemente de su origen y de sus condiciones personales y sociales, incluidos aquellos que presentan algún problema de aprendizaje o discapacidad. Nuestra misión se basa en la convicción de que todos los niños, niñas y jóvenes deberían tener acceso a igualdad de oportunidades, en el presente y en el futuro. A través de nuestros proyectos, en España e India, les acompañamos para que puedan alcanzar el máximo de sus posibilidades, empoderándoles y fomentando en ellos valores como la superación, el respeto y el esfuerzo

III. Fines y actividades

Los fines de interés general de la Fundación Rafa Nadal son de investigación, asistencia social, cooperación para el desarrollo, promoción del deporte y ayuda a damnificados por todo tipo de catástrofes naturales. Dentro de estos amplios fines, tiene como finalidad más concreta e inmediata la promoción del deporte como herramienta de integración social para personas en riesgo de exclusión social, con especial atención a los más jóvenes, la promoción, directamente o a través de terceros, de proyectos de investigación para la mejora del deporte en general y el apoyo a jóvenes deportistas, tanto para mejorar su rendimiento deportivo como para compatibilizar la práctica deportiva de alto rendimiento con su formación general.

Asimismo, es finalidad de la Fundación promover, estimular, potenciar y coadyuvar al talento deportivo, en ocasiones acompañado de formación escolar o universitaria, ofreciendo un apoyo integral al deportista de diferentes disciplinas deportivas, facilitándoles todo aquello que pudiera mejorar sus resultados futuros a nivel deportivo, educativo y personal.

III.- Objeto del Código Ético

Este documento pretende prescribir el comportamiento exigible a las personas vinculadas de un modo u otro a la Fundación Rafa Nadal más allá de las previsiones legales obligatorias o los propios estatutos de la Fundación sobre relaciones laborales, transparencia, buen gobierno, igualdad o medio ambiente.

IV.- Ámbito de aplicación del Código Ético

Este código es de aplicación a los siguientes colectivos, personas y ámbitos:

a) Los miembros del Patronato

b) El personal laboral

c) Los beneficiarios de los programas

d) Los proveedores

e) Las administraciones públicas

f) Los patrocinadores y donantes

g) la comunidad y el medio ambiente

V.- Finalidades

Este código ético tiene por finalidad:

a) Declarar los valores éticos y los principios de actuación de la Fundación

b) Determinar las normas de conducta y explicitar los mandatos y las prohibiciones que deben observar las personas implicadas

c) Informar a todo el mundo sobre la conducta y el trato que deben recibir por parte de las personas obligadas

d) Proporcionar mecanismos para la resolución de los conflictos éticos que puedan ocurrir en el funcionamiento de la Fundación

VI.- Valores

La Fundación Rafa Nadal defiende en su actuación los siguientes valores:

1. La vocación de servicio.

2. El respeto y protección de los derechos fundamentales de las personas.

3. La transparencia y el buen gobierno.

4. El respeto por el medio ambiente.

VII.- La aplicación de estos valores se concreta en los siguientes compromisos:

1.- En relación con los Patronos

a.- cumplimiento normativo: los patronos cumplirán estrictamente la normativa vigente en materia de fundaciones en cada momento, así como cualesquiera otros textos legales que fueran de aplicación a las actuaciones de la Fundación.

b.- integridad, independencia y diligencia: los patronos deberán actuar de forma leal y objetiva, defendiendo en todo momento los intereses de la Fundación independientemente de los suyos propios y cumpliendo en todo momento con las obligaciones inherentes a su cargo.

c.- asistencia: los patronos deberán preparar y participar activamente en las reuniones de patronato a las que asistan.

d.- confidencialidad: los patronos guardarán secreto de las reuniones y acuerdos adoptados en los patronatos a los que asistan, durante y después del ejercicio del cargo de patrono.

e.- abstención y comunicación ante conflictos de interés: los patronos comunicarán de forma inmediata al resto de miembros del Patronato cualquier conflicto de interés en el que se hallen durante el ejercicio de su cargo, y se abstendrán de votar en aquellos casos en los que se encuentren en tal situación.

f.- actuación de forma prudente cuando acuerden la realización de inversiones financieras por parte de la Fundación: los patronos deberán cumplir con el código de conducta de inversiones de la fundación y con la legislación vigente.

2.- En relación con los recursos humanos

2.1.- Compromisos de la Fundación

a.- efectuar una selección objetiva del personal de la Fundación a partir de criterios acreditados de adecuación y capacidad.

b.- Atender de forma permanente las medidas de salud integral y seguridad en el trabajo.

c.- Calificar cualquier comportamiento acreditado de un mando calificado de acoso sexual o laboral como infracción muy grave.

d.- Promover la no discriminación por razón de raza, color, nacionalidad, origen social, edad, sexo, estado civil, orientación sexual, ideología, opiniones políticas, religión o cualquier otra condición personal, física o social de sus profesionales.

e.- Respetar los derechos de intimidad de los trabajadores.

f.- Promover programas de conciliación que faciliten el mejor equilibrio entre la vida familiar y las responsabilidades laborales.

g.- Promover la formación de sus profesionales.

h.- Informar a sus profesionales sobre la marcha de la Fundación.

2.2.- Compromisos de los empleados

a.- Dedicar a la Fundación toda la capacidad profesional y esfuerzo necesarios para desarrollar el trabajo objeto del contrato.

b.- Realizar un uso cuidadoso, económico y eficiente de los bienes y recursos de la Fundación, actuando con profesionalidad e integridad.

c.- Abstenerse de dar ni aceptar regalos en el desarrollo de su actividad profesional, excepto que sean de valor simbólico o respondan a mera cortesía.

d.- Abstenerse de ofrecer, conceder y/o solicitar ventajas o beneficios no justificados con el fin de obtener un beneficio para la fundación, para sí mismos o para un tercero.

e- Basar las decisiones profesionales en la mejor defensa de los intereses de la Fundación, por encima de los intereses particulares y/o de personas o entidades vinculadas.

f.- Informar de forma inmediata a la Fundación sobre los conflictos de interés en que estén incursos, y abstenerse de intervenir en tales situaciones.

g.- Abstenerse de utilizar el nombre de la Fundación en beneficio propio.

h.- Guardar secreto sobre la información confidencial a la que tengan acceso durante su relación con la Fundación.

i.- No vincular a la Fundación en declaraciones u opiniones personales.

3.- En relación con los beneficiarios y con la sociedad en general La Fundación:

a.- Elegirá a los beneficiarios de sus programas o proyectos con criterios de imparcialidad y no discriminación, entre aquellas personas que reúnan los requisitos necesarios para recibirlos.

b.- Informará tanto a los beneficiarios como a la sociedad en general de sus proyectos y actividades, publicando en su página web el contenido de sus estatutos, la composición de su patronato, las cuentas anuales del último ejercicio aprobadas y la memoria de actividades de dicho ejercicio.

c.- Someterá sus cuentas anuales a una auditoría externa.

4.- En relación con los proveedores, consultores y asesores

Se seguirán normas de:

a.- Objetividad en la selección de las empresas, entidades y personas colaboradoras a partir de criterios de calidad, competitividad, precio y servicio

b.- Obligación de velar por que las empresas y personas colaboradoras cumplen en su actividad profesional los principios expresados en este Código Ético

c.- En caso de que, a lo largo de la relación profesional con empresas y personas, se produzca alguna circunstancia objetiva que comprometa la prescripción del punto anterior, la Fundación rescindirá el contrato o finalizará la colaboración

5.- En relación con la administración pública

Respecto de la gestión de los recursos públicos, en su caso, asignados a la Fundación, se facilitará:

- la información precisa y completa de las actividades de la Fundación

- la explicitación del rigor, la eficiencia y máximo rendimiento de los recursos

6.- En relación con los donantes y patrocinadores

La Fundación, por su propia naturaleza, busca el apoyo de empresas, entidades privadas y mecenas particulares. En este caso garantizará:

a.- La adecuación de las aportaciones a la finalidad parcial o global acordada, dando cuenta de su uso b.- El respeto al anonimato, en el caso de que ésta sea la voluntad del que realiza la aportación, siempre y cuando lo permita la normativa vigente.

c.- La no aceptación de aportaciones económicas procedentes de paraísos fiscales o de empresas que no respeten el cumplimiento de los derechos humanos

d.- La no aceptación de aportaciones económicas que se condicionen a no cumplir sus fines fundacionales.

e.- Si a lo largo de una relación de patrocinio o mecenazgo la persona o entidad aportadora incurre en alguna circunstancia que contradiga los principios de este Código, La Fundación estará obligada a la rescisión del acuerdo o la renuncia de la aportación.

7.- En relación con la comunidad y el medio ambiente

a.- La actuación de la Fundación está comprometida -en la medida de sus posibilidades y ámbito de actuación- con la contribución al desarrollo económico, social y cultural de la comunidad.

b.- La Fundación mantendrá una actitud de colaboración activa con el entorno donde realiza sus actividades

c.- La obligación de mantener un comportamiento responsable en la reducción del impacto ambiental de la actividad de la Fundación y, siempre que sea posible con los medios disponibles, proceder a la reutilización y reciclaje de los materiales consumidos

8.- Cumplimiento de la legalidad y transparencia

Todas las actuaciones de la Fundación se llevarán a cabo de conformidad con las leyes, regulaciones y normativas vigentes. Para el cumplimiento de este principio de legalidad, la Fundación asume los siguientes compromisos de actuación:

-Elaborar una política de prevención de delitos penales a través de asesores externos especialistas en la materia, así como un protocolo de prevención de blanqueo de capitales.

-Formar al equipo en las materias legales aplicables a la actuación de la Fundación.

-Contar con la colaboración de expertos legales en materia de Fundaciones, derecho fiscal, laboral y contable.

-Someterse voluntariamente con carácter anual a una auditoría económica, efectuando cambio de firma de auditoría cada 3 años.

-Elaborar un protocolo de transparencia, publicando en su página web la documentación obligatoria, además de voluntariamente otra documentación para que la sociedad en general pueda conocer la composición de su patronato y equipo, así como sus actividades y recursos. Para garantizar la correcta aplicación del Código Ético y la resolución de los conflictos que se puedan derivar establece el siguiente Procedimiento

I. El Código será divulgado a través de los medios de comunicación de la Fundación. En la primera relación con personas, entidades y empresas, junto con la documentación que corresponda, se entregará una copia del Código Ético.

II. El personal de la Fundación recibirá la formación adecuada en aquellas materias que lo requieren. Los puestos de mando de la estructura de la Fundación incorporarán la obligación de velar por su cumplimiento en su ámbito de responsabilidad.

III. Cualquiera de los destinatarios del presente Código puede denunciar hechos o situaciones que supongan su violación mediante el correo electrónico: denuncias@fundacionrafanadal.org habilitado al efecto.

IV. En el momento en que se produzca alguna circunstancia que contravenga el Código Ético y tenga conocimiento la Fundación, se nombrará por el Patronato un instructor que no forme parte del patronato, que se responsabilizará de la investigación y esclarecimiento de los hechos que pueden contravenir el código ético.

V. El instructor abrirá un expediente que contendrá la información documental y las declaraciones de las personas afectadas. En cualquier caso, prestarán su declaración todas las personas que formen parte de la estructura de mando.

VI. Atendiendo a la investigación realizada, la persona responsable del expediente elaborará un informe que incluirá necesariamente la determinación de los hechos probados, su calificación y la propuesta motivada de resolución de la que se dará traslado al acusado en su caso, para que pueda presentar alegaciones.

VII. La propuesta de resolución deberá ser aprobada por el Patronato de la Fundación.

VIII. El resultado final podrá ser de archivo por falta acreditada de responsabilidad o el establecimiento de una sanción que podrá ser leve, grave o muy grave.

IX. Una sanción leve comportará la suspensión de empleo y sueldo por un periodo entre 2 y 10 días.

X. Una sanción grave conllevará la suspensión de empleo y sueldo por un periodo entre 10 días y un mes.

XI. Una sanción muy grave conllevará la suspensión de empleo y sueldo por un mínimo de tres meses hasta el despido. Por lo que respecta al incumplimiento del presente código ético por colaboradores y patrocinadores, la Fundación establecerá en los contratos a suscribir por éstos las causas de incumplimiento del código ético.

9.- Protocolo de Prevención de Riesgos Penales La Fundación, dentro del compromiso de mejora continua y de cumplimiento normativo y buen gobierno, ha implementado un Protocolo de Prevención de Riesgos Penales que establece unos procedimientos internos eficaces y unos principios rectores de actuación que permitirán a colaboradores, asesores, personas que ejerzan funciones de representación, administración y dirección, gestión y control de la Fundación, así como todo el personal contratado de manera fija u ocasional y a todos aquellos que actúen en nombre o por cuenta de la Fundación, conocer las políticas internas llevadas a cabo por la FUNDACION RAFA NADAL; políticas diseñadas para tratar de contribuir a la prevención de cualquier ilícito penal que pudiera cometerse en el seno de la Fundación. Como medida de prevención y detección de delitos, la Fundación pretende que todas las personas que tengan relación con la misma, colaboren activamente y utilicen el canal de denuncias habilitado para informar de los posibles riesgos o incumplimientos de carácter general y, en concreto, de carácter penal. Por tal motivo, todas las personas y/o entidades que les es de aplicación el presente Código Ético deberán suscribir su adhesión al mismo declarando conocer la existencia del Protocolo de Prevención de Riesgos Penales de la Fundación y del canal de denuncias habilitado a los efectos de que cualquier persona que colabore con la Fundación pueda denunciar hechos ilícitos que deben ser tratados, o al menos, conocidos por la Fundación en el marco de su cultura de cumplimiento normativo y prevención y detección de delitos.

BIBLIOGRAFÍA

Acuña, A. (1994). Fundamentos socio-culturales de la motricidad humana y el deporte. Granada: Universidad de Granada.

Álvaro, J. L. (Ed.). (2003). Fundamentos sociales del comportamiento humano. Barcelona: UOC.

Argudo, J. L. (2002). El Tercer Sector y Economía Social. Acciones e Investigaciones Sociales, 15, 239-263.

Ariño, A. (2004). Asociacionismo, ciudadanía y bienestar social. Papers 74, 85-110.

Ayestarán, S. (Ed.). (1996). El grupo como construcción social. Barcelona: Plural.

Beltrán, J. (2004). La ciudad como experiencia: figuras desde el imaginario social. 4. De http://www.revistateina.com/teina/libros/ciudades.pdf

Beltrán, J., García-Alcañíz, E., Moraleda, M., Calleja, F. G., y Santiuste, V. (1987). Psicología de la educación. Madrid: Eudema.

Berger, P., y Luckmann, T. (1968). La construcción social de la realidad. Buenos Aires: Amorrortu.

Berger, P. L., y Luckmann, T. (1997). Modernidad, pluralismo y crisis de sentido. La orientación del hombre moderno. Barcelona: Paidós.

Bertalanffy, L. v., Ashby, W. R., y Weinberg, G. M. (1972). Tendencias en la teoría general de sistemas. Madrid: Alianza Editorial.

Berthier, A. (2001). La sociología de la complejidad de Niklas Luhmann. Conocimiento y Sociedad. De http://www.conocimientoysociedad.com/sociocompleja.html.

Blanco, E. (1999). Manual de la organización institucional del deporte. Barcelona: Paidotribo.

Boixadós, M., Valiente, L., Mimbrero, J., Torregrosa, M., y Cruz, J. (1998). Papel de los agentes de socialización en deportistas en edad escolar. Revista de Psicología del Deporte, 7(2), 295-310.

Bolívar, A. (2006). Familia y escuela: dos mundos llamados a trabajar en común. Revista de Educación, 339, 119-146.

Bookchin, M. (1978). Los límites de la ciudad. Madrid: Hermann Blume ediciones.

Bronfenbrenner, U. (1987). La ecología del desarrollo humano. Buenos Aires: Paidos.

Buceta, J. M. (1998). Psicología del entrenamiento deportivo. Madrid: Dykinson.

Buceta, J. M. (2004). Estrategias psicológicas para entrenadores de deportistas jóvenes. Madrid: Dykinson.

Cagigal, J. M. (1979). Cultura intelectual y cultura física. Buenos Aires: Kapelustz.

Campos, J. (1995). Análisis de los determinantes sociales que intervienen en el proceso de detección de talentos en el deporte. En Indicaciones para la detección de talentos deportivos. Investigaciones en ciencias del deporte (Vol. 3). Madrid: CSD.

Cantón, E. (1999). Motivación y su aplicación práctica al deporte. Valencia: Promolibro.

Castells, M. (1975). Problemas de investigación en sociología urbana. Madrid: Siglo XXI editores.

Castells, M. (1979). La cuestión urbana. Madrid: SXXI.

Cervelló, E. M. (2002). La motivación deportiva: aspectos sociales, contextuales y situacionales relacionados con la motivación en el deporte. Ponencia presentada en el II Congreso de Ciencias de la Actividad Física y el Deporte. Asociación Española de Ciencias del Deporte, Madrid.

Coca, S. (2004). Los entrenadores de fútbol. Madrid: Real Federación Española de Fútbol. CEDIF.

Collison, C., y Parcell, G. (2003). La gestión del conocimiento. Barcelona: Paidos Empresa.

Cubeiro, J. C. (2007). Leonardo da Vinci y su códice para el liderazgo. Como el entorno, propicia la genialidad. Madrid: Pearson educación.

Davies, D. (1991). Factores psicológicos en el deporte competitivo. Barcelona: Ancora.

Dunning, E. (2003). El fenómeno deportivo. Estudios sociológicos en torno al deporte, la violencia y la civilización. Barcelona: Paidotribo.

Durán, E., y Unzaga, S. (2004). Integración de los Sistemas de Información con la Cultura Organizacional. Revista Iberoamericana de Ciencia, Tecnología, Sociedad e Innovación, 7.

Durán, J. (2006). Culturas deportivas y valores en las sociedades actuales. En Pujadas, X., Fraile, A., Gambau, V., Medina, F. X. y Bantulá, J. (Eds.), Culturas deportivas y valores sociales. VIII Congreso AEISAD. Investigación social y deporte (Vol. 7). Madrid: Esteban Sanz.

Dürckheim, K. (1996). El rendimiento deportivo y la madurez humana. Bilbao: Mensajero.

García-Ferrando, M. (1990). Aspectos sociales del deporte. Una reflexión sociológica. Madrid: Alianza deporte.

García-Ferrando, M., Puig, N., y Lagardera, F. (1998). Sociología del deporte. Madrid: Alianza Editorial.

García, R. P., y Rebozo, J. A. (2003). Apoyo social. Búsqueda de un espacio en la Psicología del Deporte. De www.inder.co.cu/indernet/daei/portal/otraspub/articulos/

Garfield, C. A. (1987). Rendimiento máximo. Barcelona: Martínez Roca.

Garratt, T. (2004). Excelencia deportiva. Optimizar la actuación en los deportes utilizando PNL. Barcelona: Paidotribo.

Garzón, A., y Garcés, J. (1989). Hacia una conceptualización del valor. En Rodríguez, A. y Seoane, J. (Eds.), Creencias, actitudes y valores. Madrid: Alhambra.

Gasalla, J. M. (2004). La nueva dirección de personas. Marco paradójico del talento directivo. Madrid: Pirámide.

Gómez, F. (2006). Una nueva lógica de investigación e intervención psicosocial. Portularia, VI (1), 7-16. Universidad de Huelva.

Gutiérrez, M. (1995). Valores sociales y deporte. La actividad física y el deporte como transmisores de valores sociales y personales. Madrid: Gymnos.

Jiménez, J. A., y Fierro-Hernández, C. (2002). Factores que influyen en el éxito deportivo: un estudio en jugadores de golf. En Dosil, J. (Ed.), Psicología y rendimiento deportivo. Ourense: Gersam.

Jiménez, R., Santos-Rosa, F. J., García, T., Iglesias, D., y Cervelló, E. (2004). Análisis de las relaciones entre los climas motivacionales, las orientaciones de metas y los otros significativos a través de la práctica de actividad física y deportiva extraescolar. Revista motricidad. European journal of human movement, 11, 89-103.

Jouvenel, B. d., Goodman, P., Daifuku, H., Dubos, R., y Braunfels, W. (1971). El entorno del hombre. Buenos Aires: Ediciones Marymar.

Lapuente, I. (2007). El padre entrenador. Las buenas y malas influencias. Ponencia presentada en el I Foro José María Cagigal, Alcobendas.

Latiesa, M. (Ed.). (2001). Deporte y cambio social en el umbral del siglo XXI. (Vol. II). Madrid: AIESAD.

Latiesa, M., y Martos, P. (Eds.). (2001). Deporte y cambio social en el umbral del siglo XXI. (Vol. I). Granada: AIESAD.

Linaza, J. L. (2006). Desarrollo, educación y exclusión social. Revista de psicodidáctica, 11(2), 241-252.

Marco, J. C. (2003). Psicosociología. Influencias en el rendimiento deportivo. Madrid: Gymnos.

Marín, M., Grau, R., y Yubero, S. (2002). Procesos psicosociales en los contextos educativos. Madrid: Pirámide.

Marina, J. A. (1993). Teoría de la inteligencia creadora. Barcelona: Anagrama.

Marina, J. A. (2004a). Aprender a vivir. Barcelona: Ariel.

Marina, J. A. (2004b). La inteligencia fracasada. Teoría y práctica de la estupidez. Barcelona: Editorial anagrama.

Marina, J. A. (2007). Administración inteligente. En Díaz Méndez, A. y Cuéllar Martín, E. (Eds.), Administración inteligente. Madrid.

Martens, R. (2002). El entrenador de éxito. Barcelona: Paidotribo.

Martindale, R., Collins, D., y Daubney, J. (2005). Talent Development: A Guide for Practice and Research Within Sport. National Association for Kinesiology and Physical Education in Higher Education. (57), 353-375.

Blázquez Sánchez, D. (Ed.), La iniciación deportiva y el deporte escolar. Barcelona: Inde.

Menéndez, S. (2001). Diversidad familiar y desarrollo psicológico infantil. Portularia, 1, 215-222.

Olivera, J. (2005). Consideraciones en torno al deporte. Posibilidades y limitaciones del deporte federado. Ponencia presentada en el Congreso de Deporte Federado, Bilbao.

Oña, A., Martínez, M., Moreno, F., y Ruiz, L. M. (1999). Control y aprendizaje motor. Madrid: Síntesis.

Orlick, T. (2004). Entrenamiento mental. Como vencer en el deporte y en la vida gracias al entrenamiento mental. Barcelona: Paidotribo.

Pallarés, J. (1998). Los agentes psicosociales como moduladores de la motivación en deportistas jóvenes orientados al rendimiento: un modelo causal. Revista de Psicología del Deporte, 7(2), 275-281.

Párraga, J. A., y Zagalaz, M. L. (Eds.). (2000). Reflexiones sobre educación física y deporte en la edad escolar. Jaén: Universidad de Jaén.

Peiró, J. M. (1995). Psicología de la organización. Madrid: UNED.

Pérez, J. A., y Suarez, C. (2005). La competición deportiva con jóvenes. Sevilla: Wanceulen.

Perret-Clermont, A. N. (1991). La interacción social como espacio de pensamiento. Anthropos(124), 45-47.

Personne, J. (2005). El deporte para el niño. Sin records ni medallas. Barcelona: Inde.

Puig, J. M., y Trilla, J. (1987). La pedagogía del ocio. Barcelona: Laertes.

Romero, S. (2001). Formación deportiva: nuevos retos en educación. Sevilla: Universidad de Sevilla.

Romo, M. (2007). Psicología de la ciencia y la creatividad. Revista creatividad y sociedad., 10, 7-31.

Ruiz, L. M. (1998). Valoración de los elementos motores del joven deportista: mitos y realidades. En Contreras, O. R. y Sánchez, L. J. (Eds.), La detección temprana de talentos deportivos. Cuenca: UCLM.

Ruiz, L. M., Gutierrez, M., Graupera, J. L., Linaza, J. L., y Navarro, F. (2001). Desarrollo, comportamiento motor y deporte. Madrid: Síntesis.

Ruiz, L. M., Rodríguez, P., Martinek, T., Schilling, T., Durán, L. J., y Jiménez, P. (2006). El Proyecto Esfuerzo: un modelo para el desarrollo de la responsabilidad personal y social a través del deporte. Revista de Educación, 341, 933-958.

Ruiz, L. M., y Sánchez, F. (1997). Rendimiento deportivo. Claves para la optimización de los aprendizajes. Madrid: Gymnos.

Sáenz-López, P., Jiménez, F. J., Sierra, A., Ibañez, S., Sánchez, M., y Pérez, R. (2005). Factores que determinan el proceso de formación del jugador de baloncesto. Lecturas: educación física y deportes. Revista digital.

Sánchez, F. (1992). Bases para una didáctica de la educación física y el deporte. Madrid: Gymnos.

Sánchez, F. (1999). El deporte como medio formativo en el ámbito escolar. En Blázquez Sánchez, D. (Ed.), La iniciación deportiva y el deporte escolar. Barcelona: Inde.

Sánchez, M. (2002). El proceso de llegar a ser experto en baloncesto: un enfoque psicosocial. Tesis Doctoral no publicada, Universidad de Granada, Granada.

Smith, R., Smoll, F., y Curtis, B. (1991). Adiestramiento eficaz del entrenador: una aproximación cognitivo-conductual para mejorar sus interacciones sociales con deportistas jóvenes. En Riera, J. y Cruz, J. (Eds.), Psicología del deporte. Aplicaciones y perspectivas. Barcelona: Martínez roca.

Smoll, F. L. (1991). Relaciones padres-entrenador: mejorar la calidad de la experiencia deportiva. En Williams, J. M. (Ed.), Psicología aplicada al deporte. Madrid: Biblioteca Nueva.

Tamorri, S. (2004). Neurociencias y deporte. Psicología deportiva. Procesos mentales del atleta. Barcelona: Paidotribo.

Vila, I. (1998). El espacio social en la construcción compartida del conocimiento. Educar 22-23, 55-98.